初級

ビジネス
BUSINESS COMPLIANCE
コンプライアンス

第3版

「社会的要請への適応」から事例理解まで

郷原信郎
〈編著〉
元榮太一郎 ほか
〈著〉

東洋経済新報社

はじめに

　近年、企業不祥事や事故によって、会社の社会的信用が著しく損なわれ、場合によっては破綻にまで追い込まれるケースが後を絶ちません。そうした数々の事件の影響により、社会全体に、不祥事を起こさないためにはひたすら法令を遵守することが大切だという誤解が生み出され、企業活動ひいては経済社会そのものが萎縮してしまっています。「コンプライアンス」＝「法令遵守」という考え方のもとで、「何が何でも法令に違反しないこと」に意識が向けられすぎているのです。

　しかし、経済活動、企業活動で重要なことは、何をしないかではなく、何をするのかです。いくら上から下へ「法令を遵守せよ」「違法行為をするな」と命令しても、問題の根本的な解決にはなりません。そこで必要なことは、コンプライアンスを「法令遵守」ではなく、「社会的要請への適応」ととらえることです。社会的要請に応えていくことこそが、組織の目的なのです。

　「法令遵守」を否定することは、決して「法令」を軽視することではありません。企業活動に関係する法令を体系的に理解することは「社会的要請」を把握するのに不可欠です。コンプライアンスを正しくとらえ、法令を基本的かつ体系的に理解することで、事業を健全に行っていくための組織のパワーを高めることができるのです。

　本書は、「ビジネスコンプライアンス検定」上級編テキスト『企業法とコンプライアンス』に続き、初級編公式テキストとして作製したものです。企業活動に関係する法令の基礎的かつ体系的な理解を得るべく、第2部「ビジネスコンプライアンスと法・ルール」において企業法の各論にも注力しています。このテキストを学ぶことを通して、多くの企業が、そして、企業人が「社会的要請への適応」という方向性を明確にし、健全な事業活動を実行していくことを期待しています。

郷原　信郎

CONTENTS

コンプライアンス違反に関する責任

法令その他のルールの基本的役割

第2部 ビジネスコンプライアンスと法・ルール

第1章 国の組織や統治の基本原理・原則を定める根本規範

第2章 事業活動におけるコンプライアンス

第**3**章　消費者に対するコンプライアンス

第**4**章　従業員に対するコンプライアンス

第**5**章　インターネットとコンプライアンス

第6章 刑法とコンプライアンス

コンプライアンスの
基本論・総論

コンプライアンスの基本

 コンプライアンスとは

1 「コンプライアンス」という言葉の意味

　我が国では、コンプライアンスの訳語として、「法令遵守」が用いられることが多くなっています。これは、compliance の訳である「法令などを遵守すること」をそのまま短縮したものです。このような訳語がよく使われるようになったのには、「自由競争と法令遵守の組み合わせですべてが解決する」という考え方が影響しているのではないでしょうか。最近の経済構造改革、規制緩和の流れの中で、企業は自由に活動すればいい、自由に競争すべきだという考えが強くなり、「企業の目的は法令に反しない範囲で利潤を追求することなのだ」と単純に割り切る考え方が広まったのです。この考え方自体は、間違ってはいません。明確なルールがある社会の中で、そのルールの範囲内でベストを尽くした人や組織がベストのリターンを得ることができるというあり方は合理的といえます。

　しかし、後で述べるように、日本の成文法制度・司法制度のもとではその考え方が妥当しません。しかも、「法令遵守」という言葉が独り歩きしたことによって、コンプライアンスに対する誤解が生じています。「法令さえ守ればよい」「どんな細かいことでも法令に反してはならない」とする考え方がそれです。

　そうした中で、「コンプライアンスは法令遵守ではない」という言葉が聞

かれるようになってきました。これは、先の「法令さえ守ればよい」という考えに対して、「企業は法令を遵守しているだけでは不十分である。それ以上のもの、社内規則、社会規範、企業倫理すべてを遵守することが求められている」とするもので、「法令」に加えて「企業倫理（経営倫理）」を守らなければならないとする考え方です。この考えでは、コンプライアンスは「法令遵守」と「企業倫理遵守」の両方ととらえ、「倫理法令遵守」という言葉で表されます。この考え方も、何かを「守る」「遵守する」という意味では、コンプライアンスを「法令遵守」とする考え方と同様です。

　これらの考え方に対し、コンプライアンスを「遵守」という意味で理解すること自体を疑問視し、「法令」の背後に存在する「社会の要請」に着目する考え方があります。

　本来、コンプライアンスという言葉は、「法令」のみに限定して使用されるものではありません。

　また、コンプライアンスには、「遵守」という日本語に含まれる「文句を言わずにひたすら素直に守る」というイメージとも異なる意味合いがあります。例えば、医療の世界では、患者に医薬を正しく服用させることを、服薬コンプライアンスといいます。

　さらに、compliance の派生元である comply は、語源をさかのぼると「充足する」「調和する」という意味を持っています。

　したがって、コンプライアンスは「外部からの要請を充足することで外部との調和を図ること」を意味すると考えるべきなのです。

　なぜなら、企業は、社会の中にあって社会とともに成長していくべき存在です。企業は、社会からの要請を敏感に感じ取り、それに柔軟に応えていくことによってはじめて、社会と一体となって発展していけるのです。そのためには、あらかじめ定められた「法令」を無条件に「遵守」するのではなく、なぜその法令が定められているのか、その背後にある「社会的要請」をくみ取り、応じていかなくてはならないからです。

「法令」は何らかの「社会的要請」を満たすために定められています。「法令」を遵守するのはもちろんですが、それ自体に意味があるのではないのです。「法令」の背後にある「社会的要請」に応じることが重要なのです。

2 CSR論との関係

CSR（Corporate Social Responsibility）論とは、「企業が果たすべき社会的責任」と訳され、企業は社会的存在として、最低限の法令遵守や利益貢献といった責任を果たすだけではなく、市民や地域、社会の顕在的・潜在的な要請に応え、より高次の社会貢献や配慮、情報公開や対話を自主的に行うべきであるという考えのことです。

先進国では社会が豊かになるにつれて、経済的成長以外のさまざまな価値観が育まれ、企業評価として、法律や制度で決められた範囲に限らず「より良い行動」をすることが望ましいとする傾向が生まれています。そして、企業がこうした社会的要請に応えることによって、社会的行動の不足や欠落が招くリスクを回避するとともに、社会的評価や信頼性の向上を通じて経済的価値を高めることができると認識されるようになってきているのです。

典型的なCSR活動としては、「地球環境への配慮」「適切な企業統治と情報開示」「誠実な消費者対応」「環境や個人情報保護」「ボランティア活動支援などの社会貢献」「地域社会参加などの地域貢献」「安全や健康に配慮した職場環境」などがあります。

したがって、コンプライアンスを「法令遵守」とする考えに基づけば、コンプライアンスはCSRより「狭い」概念として、CSRに含まれるものであり、コンプライアンスを超えたCSRの固有の領域が存在することになります。

また、コンプライアンスを「倫理法令遵守」とする考えに基づいても、コンプライアンス領域の広さが異なるだけであって、CSRはコンプライアンスを超えたものであることに変わりはありません。

これらの考え方によれば、企業が社会的責任を果たしていくというCSR

は企業経営全体、すなわち企業の「意思決定」にかかわるものであり、コンプライアンスはそのうち、法令や倫理を遵守するという部分のみを意味するものになります。この場合、法令を遵守しない経営上の「意思決定」や、企業倫理に反する内容の経営上の「意思決定」をするということは、健全な事業を営む企業であればあり得ないので、コンプライアンスは、経営上の「意思決定」とは別のものだということになります。結局、コンプライアンスは、企業として当然やらなくてはならないことにどれだけ真剣に取り組みコストをかけるかという、事業遂行上の「コスト」の問題ということになるのです。

　これに対し、コンプライアンスを「社会的要請への適応」と理解する考え方によれば、「企業が果たすべき社会的責任」としてのCSRは、コンプライアンスとほとんど重なることになります。この考え方においては、コンプライアンスは経営上の「意思決定」と深くかかわります。企業は社会的要請に応えていくことによって収益を確保し、社会で活動することができるのであり、健全な事業を営んでいる企業にとって、コンプライアンスの問題と経営とを切り離すことはできないからです。企業として、法令に適応していくことを通して「社会的要請に適応していくこと」は、重要な経営上の「意思決定」の問題だということです。

❸ メセナとの関係

　メセナ（mécénat）は、フランス語で「文化の擁護」を意味します。企業におけるメセナとは、企業が資金を提供して文化、芸術活動を支援することで、日本では、本業に余力のあったバブル期に特に流行しました。代表的なものに、財団などを通じた資金的バックアップや、企業が主催するコンサートやオペラの公演、スポーツなど各種イベントの開催などがあります。

　コンプライアンスやCSRが企業の責任に関する領域についての考え方であるのに対して、メセナは企業の責任の範囲外の問題について社会に貢献するための活動です。

　したがって、企業がコンプライアンスやCSRを怠れば、社会的批判や非

難を受けることもあり得ますが、メセナは、企業がそれを行うことによって社会的評価を受けることはあっても、行わなかったからといって非難されることはありません。

　この点において、メセナとコンプライアンスは大きく異なります。

コンプライアンスと法

1 司法とコンプライアンス

　コンプライアンスを「法令遵守」とする考えに基づくと、コンプライアンスの問題は司法の問題となり、最終的解決は司法制度によることとなります。そうすると、司法制度による解決を図った場合にどのような結果になるのか、すなわち、法的責任が発生するかどうかと、それに対する司法の判断が重要な問題となります。そして、法令に定められていないことは、コンプライアンスとは切り離されることになります。この考え方では、企業の目的は法令に違反しない範囲で利益を図ることになり、この考え方を推し進めていくと、企業は法令に反しない限り何をしてもよいことになってしまいます。

　一方、コンプライアンスを「法令遵守」ではなく「社会的要請への適応」とする考えに基づくと、コンプライアンスの問題は必ずしも司法の領域に含まれません。最終的な解決として司法制度が利用される場合もありますが、それは1つの方法にすぎないからです。重要なのは「法的責任が発生するか」という問題や、「違法と評価されるか」という問題ではなく、「企業が社会的要請に応えられなかったと評価されるか」という問題なのです。

　これはすなわち、単に「法令」を遵守していることがそのまま「社会的要請」に応じていることにはならない、ということにもつながります。

　換言するなら、企業の目的は「社会的要請に適応して社会とともに発展すること」となります。

2 社会的要請と法令との関係

コンプライアンスを「法令遵守」ととらえる考え方では、下図のグレー部分の枠組みで物事を判断します。そこでは、違法行為をすることが不祥事ですから、不祥事対策というのは、「法令遵守を宣言すること、部下に対して法令遵守を命令すること」であり、「そのような意味のコンプライアンスを徹底して、組織内全体に行き渡らせればいい」ということになります。

この考え方でコンプライアンスを行うと、経営者にとっては都合のいいことが言えます。すなわち、万が一その経営者の「法令遵守」の命令に反して部下が違法行為を行った場合に、「私は法令を守れと命令していたんです」という「言い訳」が可能になるのです。

これは「言い訳コンプライアンス」とも呼べます。「言い訳コンプライアンス」のもとでは、従業員は何をするにしてもまず法令・規則に違反しないかを確かめてからやらなければなりません。

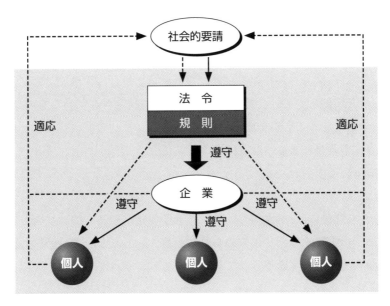

社会的要請と法令との関係

仕事には、積極的に新たなことにチャレンジしていく場面が必ず出てくるはずですが、「言い訳コンプライアンス」が支配している組織の中では、新しいことにチャレンジしていくことは難しくなります。チャレンジには、場合によっては法令違反のリスクが伴うこともあるからです。

　何もわざわざリスクを冒さなくても、今までどおりのことを今までどおりにやっていくほうが賢いということになり、新たな試みを敬遠する流れにつながっていきます。組織内に「事なかれ主義」が蔓延することになるのです。

　経営者にとっても従業員にとっても、「ルールを守る」ことが第一となってしまって、「ルールを守ること」のみに注目してしまうと、「なぜそれを守らなければならないのか」ということを考えるのをやめてしまい、議論することもやめてしまいます。何も考えずに決まっているとおりに従い続けていればいいからです。

　このように、コンプライアンス＝「遵守」と掲げると、個人や組織全体が頭を使わなくなり、思考を停止してしまうという結果をもたらします。コンプライアンス＝「（倫理）法令遵守」ととらえる考え方の最大の弊害はここにあります。

　一方で、コンプライアンスを「社会的要請への適応」とする考え方では、前ページの図のグレーの枠組みだけでなく全体を視野に入れることになります。「法令」は、何らかの社会的要請を背景として制定されているものなので、「法令」を遵守すること自体が目的なのではなく、「法令」に従うことによって「法令」の背後にある「社会的要請」に応えることがコンプライアンスの目的になるのです。

　「法令」の背後には、必ず何らかの「社会的要請」があって、「法令」は「社会的要請」を実現するために定められています。したがって、通常であれば、企業や個人が「法令」を遵守していれば、それによって「社会の要請」に応えることができるはずです。

　しかし、日本では、後に述べるように、しばしばこの「法令」と「社会の

要請」との関係がズレてしまっています。そして、そのズレが最近の社会環境の急激な変化に伴ってどんどん大きくなっているのです。

その中にあって、「法令」のほうばかり近視眼的に見ていると、「"法令"には反していないが、"社会の要請"に反してしまう」という事態に陥りかねません。「法令」はもちろん守らなければいけませんが、その背後にどのような「社会的要請」があるのかを考えながら、「法令」に適応していかなければならないのです。

日本におけるコンプライアンス

1 日本とアメリカの司法制度の違い

法令は、どのような国においても絶対的なものではなく、必ず限界があります。生と死のぎりぎりの局面における生命の価値の問題や、生き甲斐や個人の充足度といった問題は、その個人の価値観などによって全く異なるからです。そのような問題を一律に法令によって定めることは困難であり、将来に起きることをあらかじめ法で想定することもできません。結局、法が完全にキャッチアップすることが不可能な領域が必ずどの社会にも存在するのです。

アメリカでは、人口当たりの弁護士の数が日本に比べて十数倍もあり、「判例法」という考えのもとで、社会のいろいろなトラブルがその弁護士たちによって訴訟の場に持ち込まれ、訴訟で具体的なケースを解決する判断を通じて法が形成されています。アメリカでは、社会の働きに法令が適合していく仕組みが整っているからこそ、違反する行為をした場合には厳しいペナルティが科されるのです。

「法令の成立」についていえば、日本では、市民の営みや企業の経済活動の中から自然にルールができあがってそれが法令に高まるという形態ではな

く、市民生活とは全然関係がないところで、いつの間にか外国から法令が輸入されてきました。明治期には近代国家設立のための富国強兵政策の一環として、また第二次世界大戦後は国家、社会、経済の全面転換のために、急遽法令をそろえる必要があったからです。結果として、市民は法令の存在を通常ほとんど意識することはなく、何か特別なことがあったときにだけ降りかかってくる存在となっています。

「法令の維持」についても違います。刃物にたとえると、アメリカでは法令という刃物を文化包丁や刺身包丁のように日ごろから研いで使いやすい状態にし、毎日のように使っています。しかし日本では、そうではありません。法令という刃物は神棚に祭り、伝家の宝刀のような存在にしておき、日ごろはほとんどその姿すら直接見ないのです。ただ、神棚の中に法令という刃物、伝家の宝刀が存在していることに意味がある、という関係なのです。そして、日本の法令は「成文法」であるため、一度法令ができると根本はなかなか変わりません。近年、民法について明治の制定以来の抜本的改正が行われました。また、会社法や金融商品取引法など、経済活動に関する法律の改正頻度は多くなってきています。しかし、アメリカと比べると、社会的要請の変化に応じた法令の改正は、まだ十分とはいえません。

2 日本とアメリカの違法行為の違い

アメリカは自由競争、自己責任の国ですから、そこで、あえて違法行為を行うとすれば、その動機は何らかの形で個人的な利益を得ることなのです。その場合の違法行為は、「害虫」すなわち「ムシ」のようなもので、個人の意思によって個人の利益を目的として行うものであり、単発的な違法行為です。そのような違法行為には、違法行為を行った人間やかかわった人間を厳しく罰するという、いわば「殺虫剤の散布」が有効な手段となります。厳しい処罰によって、違法行為を行おうとする個人に思い知らせることができるからです。

一方、日本では、法令や制度が社会の実態から乖離してしまう事態が往々

にして生じます。変化する社会の中で企業活動を行っていこうとすると、必然的に違法行為にかかわらざるを得なくなる場合が出てきます。このような状況での違法行為は、組織の利益が目的であることが多く、継続的・恒常的に一定のポストに随伴する形で行われます。こうした違法行為は「カビ」にたとえることができるでしょう。「カビ」に対して、一時的に薬をまいて一見きれいになっても、また時間がたてば繁殖してしまいます。背景に構造的要因があるからです。この形の違法行為に対しては、当事者の処罰も法令遵守の命令もほとんど効果がありません。「カビ」型の違法行為には、背景事情を詳しく調べ、構造的問題を解明して是正措置を講じる必要があるといえます。「カビの原因（汚れ、湿気）の除去」すなわち原因となる構造的要因を除去することが必要なのです。

3 日本におけるコンプライアンスのあり方

　それでは、このような司法制度、違法行為の形態を持つ日本において、どのようなコンプライアンスのあり方が適切でしょうか。

　前に述べたように、コンプライアンスを「法令遵守」ととらえ、法令のほうのみに目を向けていると、「言い訳コンプライアンス」が組織を支配し、従業員には「事なかれ主義」が蔓延することで、企業全体が思考停止に陥るという弊害が生じます。これでは企業は社会の中で成長していくことはできません。

　したがって、「法令」の背後には、必ず何らかの「社会的な要請」があることを認識する必要があります。「法令」は「社会的要請」を実現するために定められているのです。

　もっとも、アメリカのような法令の成立・維持がなされていれば、「法令」が「社会的要請」に適合しているので、「法令」を遵守していればそれによって「社会の要請」に応えることができるようになります。しかし、日本の場合は、輸入してきた法令を神棚に祭っておき、あまり手を加えてこなかったのですから、「法令」と「社会の要請」との間に自然とズレが生じ、そのズ

レが最近の社会環境の急激な変化に伴ってどんどん拡大してしまっているのです。このような状況の中で「法令」ばかりを見ていると、「"法令"には反していないが"社会の要請"に反してしまった」ということになりかねません。「法令」はもちろん守らなければなりませんが、日本のような法制度のもとでは、背後の「社会的要請」を考えながら法令に適応していくことが特に重要なのです。

このような考えからも、日本におけるコンプライアンスは「法令遵守」ではなく、「社会的要請に適応すること」ととらえるべきです。

コンプライアンスの基本的手法

 ## フルセット・コンプライアンスの5要素

　「社会的要請に適応」していくためには、ある種の手法を必要とします。従来のCSRと「社会的要請への適応」としてのコンプライアンスの違いは、前者の活動がどちらかというと企業の「広報活動」としての性格を帯びていたのに対して、後者は組織を運営していくための問題解決手法である点です。したがって、コンプライアンスには問題を解決するための段階的な手法が求

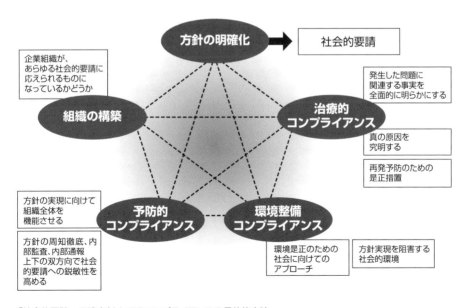

「社会的要請への適応」としてのコンプライアンスの具体的方法

められます。

　ここでは、その段階を5つの要素に分け、それらを総称して「フルセット・コンプライアンス」と呼ぶことにします。以下で、5つの要素について説明します。

1 方針の明確化

　企業が「社会の要請」に応えていこうとする場合、まず、「何が社会の要請か」ということを把握して、全体的にその「社会の要請」にバランスよく対応していく方針を具体化し、明確にする必要があります。

　営利企業であれば、まずニーズを把握して、需要に応えていく必要があります。これは企業が必ず認識している顕在化した目的です。自動車メーカーであれば「消費者のニーズに応える車を開発し、生産して安く供給すること」、製薬メーカーであれば「よく効く薬を開発し、製造して患者に供給すること」が顕在化した目的ということになります。

　しかし、企業には、顕在化したもの以外にも、社会から受ける数々の要請が必ずあります。自動車メーカーであれば、乗り物を生産し供給する事業者として、「自社が生産した車が道路において危険を生じさせることを防止する」という「社会的要請」があり、製薬メーカーであれば「自社で製造した薬が人の健康に被害を生じさせることを防止する」という「社会的要請」があります。

　そのようなたくさんある「社会の要請」に、どのようにしてバランスよく応えていくのかという基本方針を明確にする、すなわち、組織が全体として「社会の要請」に応えていくための方向性を決定する必要があります。

　コンプライアンスは、そのゴールを示すことから始まるのです。

2 組織の構築

　2番目に、組織が全体として「社会の要請」に応えていく、という組織の方針が実現できるような組織体制を構築することが必要です。「社会の要請」

の内容によって、それに応えていくために合理的な組織体制は違うからです。

　営利企業であれば、まず「需要」に応えるための合理的な組織体制がつくられているはずですが、ほかの「社会の要請」にも応えられる組織体制でなければなりません。コンプライアンスの観点からは、現在の組織体制が「社会的要請に応える意味で問題がないか」を見直すことが重要です。バランスよく複数の「社会的要請」に応えていくには、組織全体として協同が維持できるような組織でなければならないのです。

　コンプライアンス組織の構築というと、一般的にはコンプライアンス推進室の設置や、コンプライアンス・オフィサーを指名することなどととらえがちです。しかし、それはコンプライアンスのための組織のごく一部にすぎません。フルセット・コンプライアンスにおける「組織の構築」とは、コンプライアンスに関する新たな部署をつくったり、担当者を指定したりすることだけではないのです。顕在的目的だけでなく「社会的要請」にバランスよく応えることができるように、企業の組織体制全体を見直すことなのです。

　前述したように、例えば製薬メーカーには、顕在的目的以外にも「自社で製造した薬が人の健康に被害を生じさせることを防止する」という「社会的要請」があります。その「社会的要請」に応えるべく、「人の健康に貢献する薬を供給する」という方針を掲げて「副作用の発見と防止」も具体的な目標の１つとするなら、組織体制もそれにふさわしいものでなければいけないでしょう。そのためには、常に副作用の有無をチェックするための研究部門や、情報収集機関を設置することなどが考えられます。そして、実際にその会社の薬を服用している人たちから副作用情報を集めなければなりません。

　ところが、副作用に関する情報を集めれば集めるほど、顕在的目的を達成するための薬の営業にとってはマイナスの情報が増えることになります。

　このように、「顕在的な目的」と、「社会的要請に応える目的」との間に衝突が生じることは容易に想像できます。これらの目的を調和させることは非常に難しいのです。その調和を図るためにどのような組織体制が効果的かという観点から、組織のあり方を考える必要があるのです。

それがこの「組織の構築」です。

3 予防的コンプライアンス

　３番目に、せっかくつくった組織も、実際に機能しなければ意味がありません。組織全体が、社会の要請にバランスよく応えていく方向で、実際に動いていかなくてはならないのです。そのためには組織の目的に反する行為がなされるのを予防する活動を行う必要があります。

　それが「予防的コンプライアンス」です。そこには２つの重要な要素があります。

　第１に、「トップ（経営者）のセンシティビティ（鋭敏性)」、そしてもう１つが「ボトム（現場）のセンシティビティ」です。

　まず、経営者は、組織が置かれている全体的な状況を把握して、「社会的要請」に応えるために、どのような方向に向かっていくのかという方針を定めます。そして、従業員全体に、自己の属する組織が何を目指しているのか、その目的実現のために何が問題となっているかを周知徹底させることが必要です。

　「法令」は、何らかの「社会的要請」を受けて定められているのですから、通常は法令に従うことは「社会的要請」に応えることと一致します。そこで、従業員全体に、法令を周知することが必要となります。法令の指導は「予防的コンプライアンス」の重要な要素です。

　しかし、法令を表面的に覚えさせるだけでは不十分です。コンプライアンスを「社会的要請への適応」ととらえた場合、重要なのは、法令の背後にある「社会的要請」です。そして、その法令がいかなる「社会的要請」に基づいて定められているかを知るためには、「法令の趣旨・目的」を理解する必要があります。「法令の趣旨・目的」を理解していれば、法令の条文ひとつひとつを見た場合でも、表面的な文言だけでなく、条文の本当の意味が見えてくるからです。また、形式的な条文解釈だけでは解決できないような事例に対しても、「法令の趣旨・目的」から判断して適切に対応することができ

るでしょう。

　これらのことを通して、企業が社会からどのような要請を受けているのか、どのような行動を求められているのかを考えることができます。

　次に、従業員は現場で働き、社会と直接触れ合っているのですから、最も敏感に社会の動きを感じ取れる立場にあるといえます。直接肌で感じ取った社会の動き、「社会的要請」の変化に関する情報を、意思決定者たる経営者に提供することが必要です。

　制度としては、通常のラインによる上からの業務指示と下からの業務報告が基本となりますが、そのほかに、トップからボトムへの流れを支えるのが「内部監査」、ボトムからトップへの流れを支えるのが「内部通報」といえます。

　トップは、定期的な「内部監査」で、組織内に問題のある行為がないかをチェックできます。「内部監査」というと、法令違反や規則違反がないかをいろいろ目くじらを立てて調べ上げるような印象があるかもしれませんが、

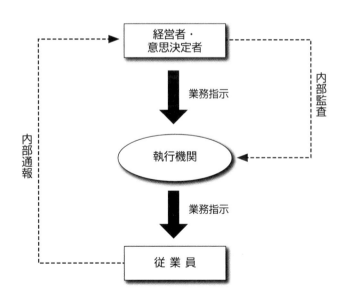

組織の鋭敏性

トップが方針を明確にし、社会的要請に応えるという目的を従業員に徹底して共有していれば、重要な情報を獲得する手段として有効に機能します。

「内部通報」は、トップの方針が世の中の動き、社会環境の変化とズレているのではないかという場合や、トップの方針が中間段階で歪められて末端に不適切な業務命令として出されている場合などに、情報をいち早くトップに知らせるために機能すべきです。「内部通報」というと、ちょっとしたセクハラ、パワハラ、規則違反のようなものの密告窓口をつくるように思われているふしもありますが、トップの方針がきちんと従業員全体に浸透している状態でトップが情報を求める場合には、情報の流れをつくるという意味で、「予防的コンプライアンス」の重要な要素として機能します。

4 治療的コンプライアンス

そして4番目が「治療的コンプライアンス」です。「予防的コンプライアンス」を万全に行ったとしても、違法な行為または「社会の要請」に反する行為は起こり得ます。何か問題が発生したときに、その問題を二度と起こらないようにするためのコンプライアンスが必要です。

「治療的コンプライアンス」で第一に行わなければならないのは、「何が起きたのか」「どのような事実があるのか」を全面的に明らかにすることです。事実関係を全面的に明らかにすることではじめて、真の原因を究明することができるからです。真の原因が究明できてはじめて、二度とそのようなことが起きないようにするための是正措置をとることが可能になります。

しかし実際に、日本の経済社会・企業社会では、この「治療的コンプライアンス」がほとんどうまくいっていません。本当の意味で事実が解明され、原因が究明されているわけではないのです。

何か重要な不祥事が起きた場合に、多くの日本企業で行われているのは、次のような対応です。まず、社長以下経営陣が会見を開いて頭を下げ、事実関係について尋ねられると「それは捜査中ですから、お答えは差し控えさせていただきます」と、事実関係については述べません。そして、捜査や調査

の結果、行為が「違法であった」「クロだ」といわれたら、もう一度会見を開いて深々と頭を下げ、「違法行為は二度とやりません。コンプライアンスを徹底します。法令厳守を徹底します」と言うのです。

これでは問題の解決にはなりません。

結局、企業が自分たちの力で「どんな事実だったのか」を明らかにする努力をせず、そのために同じ業界内、同じ企業においても、同じ問題がまた起こることになるのです。事実が分からなければ本当の原因も分からず、再発防止策の立てようがないからです。

問題が再発する理由として、前述の、アメリカとの違法行為の性質の違いがあります。アメリカの「ムシ型」違法行為は、個人の意思で個人の利益のために行われ、単発的なものです。これにはその個人に厳しいペナルティを科して思い知らせるという対処が有効です。

これに対し、日本に多くみられる「カビ型」違法行為には、組織の中の一定のポストに就くと、組織の利益のために、好むと好まざるとにかかわらず、そのような違法行為に手を染めざるを得ないという構造があります。違法行為は継続的、恒常的に行われ、その分野全体にまとわりついています。そしてその違法行為は、一面で何らかの機能を果たしている場合が多いのです。

「カビ」をなくすには、まずはカビがどこまで広がっているのか全体を見なければなりません。そして見えるカビを取り除き、取り除いたうえでカビの原因を明らかにして、湿気なり汚れなりといったカビの原因を除去する必要があります。それではじめてカビ退治ができるのです。違法行為がどこまで広がっているかを明らかにして、その背景にある制度的、構造的、社会的問題を解明して是正しなければ、「カビ型」違法行為をなくすことはできません。

これまでの日本社会では、違法行為を表面的にとらえ、それに対する対処としてアメリカ型の対処法、つまり、単純に関係者や責任者を処分・処罰して一件落着としてしまうケースが多かったのです。しかし、それではうまくいきませんでした。個別企業だけでは対処できない問題も多く存在するから

です。「カビ」が生える「違法行為が恒常化する環境」自体を是正しないと「治療」はできないのです。

そこで、「フルセット・コンプライアンス」のもう1つの要素である「環境整備コンプライアンス」を考えなければならないのです。

5 環境整備コンプライアンス

「環境整備コンプライアンス」とは、恒常的違法行為の背景になっている制度的、環境的問題に目を向けて、その要因を何とかして解消し是正していくために、組織として、構成員として、環境全体を改めていく努力をするということです。これは、「方針の明確化」「組織の構築」「予防的コンプライアンス」「治療的コンプライアンス」とは異なり、具体的に何をやればいいかは決まっていません。構造的問題・環境的問題は、制度の問題であったり、社会の見方や考え方の問題であったり、慣行の問題であったりするからです。こうした問題に対処するためのマニュアルや定石はありません。どのようにして問題を指摘して、世の中の人たちに広く理解してもらい、世の中を変えていけるかということを考えるしかないのです。

個別の企業の対応だけでは済まない問題であるだけに、「環境整備コンプライアンス」の具体的な実践は容易ではありません。該当する業界や分野の全範囲にわたる企業が共同して取り組まなければならない問題です。それには、専門家から構造的な問題点の指摘を受け、その解決策を専門家とともに考えて実行していくことが必要となる場合もあるでしょう。各企業も、日ごろから環境的問題を意識し、是正するための取組みを行っていくべきです。

❷ 各要素の相互関係

これら、「方針の明確化」「組織の構築」「予防的コンプライアンス」「治療的コンプライアンス」「環境整備コンプライアンス」の5要素が相互に適切

に連関することではじめて、組織は社会的要請に応えつつ本来の目的に向かって前進することができます。適切に連関させるには、それぞれの要素がほかの要素とどのようにかかわっているかを考えながらバランスよく実施していく必要があります。

　例えば、「方針」が社内外に徹底され、「組織」も構築されていたとしましょう。それでも、事業を行っていく中で問題が生じることはあり得ます。その場合、「治療的コンプライアンス」で事実関係を解明し、原因を突き詰めていきます。そして「環境整備コンプライアンス」の観点から構造的問題やその対処法を調べていくと、実はその企業に求められている「社会的要請」と、策定された「方針」との間にズレが生じていたことが分かるという場合もあるでしょう。あるいは、新たな「社会的要請」を見出すことができる場合もあるかもしれません。

　そのような場合には、一度策定した「方針」を見直さなければなりません。「社会の要請」を把握し直して、バランスよくその要請に応える「方針」を具体化・明確化する作業を行います。それにより、新たな「方針」が実現できるような「体制」を再度つくり上げる必要が出てきます。コンプライアンス方針が変更されるとそれに対応する組織のあり方も変わってくるからです。そして、再構築後の組織に合った、「予防的コンプライアンス」を改めて考えることになります。

　このように、「フルセット・コンプライアンス」の各要素は相互に関連しているので、これらの要素が全体として柔軟に機能している企業は、「社会的要請」に応えるために個々の構成員が励まし合いながら、目的に反する行為をすることなく、目的実現に向けて生き生きと活動することができるのです。

❸ コンプライアンスによる問題解決の前提

これまで述べているとおり、コンプライアンスによって企業活動に関する問題の予防と解決を図るには、その前提として、法令を基本的・体系的に理解し、事実関係の調査・分析を十分かつ適切に行い、環境を認識し把握することが必要です。

1 法令の基本的・体系的理解

コンプライアンスを「法令遵守」ではなく「社会的要請への適応」ととらえる考え方においても、法令の存在意義は重視されます。フルセット・コンプライアンスによる問題解決を行うためには、「法令」と「社会的要請」の関係を正しく理解する必要があります。コンプライアンスを「法令遵守」ととらえる従来のコンプライアンス以上に、「法令の趣旨・目的」も含めた「法令」の深い理解が求められるのです。

「フルセット・コンプライアンス」の第1要素である「方針の明確化」においては、潜在的な「社会的要請」を把握するために、「法令」の正しい理解が必要となります。「法令」は「社会的要請」を受けて制定されているため、「法令の趣旨・目的」を踏まえて条文を解釈することによって、「社会的要請」の存在を探知することができるからです。「社会的要請」の正確な中身を把握するためにも「法令」の理解が必要なのです。

また、第3要素である「予防的コンプライアンス」においては、「法令」の周知が重要です。そして、「法令」の表面的な知識だけでなく、どのような「趣旨・目的」から「法令」が規定されているのかを理解しておかなければ、さまざまな事例に対処することはできません。

そして、第4要素の「治療的コンプライアンス」においては、一度起きてしまった問題の再発を防ぐために、「法令」の「趣旨・目的」と罰則との関係などについて十分な理解が必要となります。どの事実がどのように法的に、

あるいは社会的に問題となるのかを把握しなければならないからです。

　「予防的コンプライアンス」や「治療的コンプライアンス」を行う際、複数の法律の接点にある問題についてはさらに注意が必要です。例えば、独占禁止法は、経済社会における公正かつ自由な競争を促進することで、一般消費者の利益を確保するとともに、国民経済の発達を促進することを目的としています。競争を促進していけば、当然人件費も切り詰めていかなければならないし、労働条件も切り詰めなければなりません。そして、最悪の場合には、非効率的な企業は市場から出て行ってもらうことになります。つまり、競争が促進されると労働者の労働条件が切り下げられ、最終的には雇用が失われることもあり得ます。しかし、そのような事態は労働法の目的である労働者の保護、労働条件の向上とは対立するものです。独占禁止法の背後にある社会的要請と、労働法の背後にある社会的要請とは、ぶつかり合うのです。ですから、ぶつかり合うということをきちんと認識しながら両方の社会的要請にバランスよく応えていくように考えなければなりません。

　そして第5要素の「環境整備コンプライアンス」は、「法令」と「社会的要請」の乖離を認識することから始まります。そのためには、「法令の趣旨・目的」、そして背後にある「社会的要請」を正しく把握することが必要です。

　このように、コンプライアンスを「法令遵守」ととらえる場合に比べて、「社会的要請への適応」ととらえる場合のほうが、法令に関してその趣旨・目的に根ざした深い理解が求められるのです。

　「法令」の高度な理解に向けて、まず企業活動に関連する法律（「企業法」と呼ぶことにします）の趣旨・目的とその内容を理解し、それが社会の中でどのように位置付けられているかを体系的に理解することが必要です。それらの理解をもとに、個々の具体的問題について、法の基本理念に基づく解釈が可能となるからです。

　「企業法」の体系的な理解に向けてやるべきことは、憲法を中心とする法体系の中で、それぞれの「企業法」を統一的に把握することです。バラバラに「法令」を理解するのではなく、憲法によってどのように根拠づけられ、

民法や刑法などの基本法とどのような関係があるのかという視点から「企業法体系」を構築するのです。

2 事実関係の調査・分析

「フルセット・コンプライアンス」の第4要素である「治療的コンプライアンス」を実践するには、社内調査において違法行為などのコンプライアンス問題の事実関係を明らかにしたうえで、その背後に潜む問題発生の原因となっている環境問題をあぶり出す必要があります。事実関係の解明は容易ではありません。一般的な調査能力のほかに、企業独特の風土や雰囲気、業界独特の慣行などを客観的に見ていかなければならないからです。

これまで、大企業の不祥事が発覚した場合、弁護士などによる調査委員会が設けられて調査にあたることが多くありました。企業の業務を理解し、なおかつ、事実関係の調査能力を有する弁護士を調査担当者として確保することはかなり困難です。また、確保できたとしても膨大な調査費用がかかることになります。企業が直面する多くのコンプライアンス問題に対応する手法としては限界がありました。

今後は、フルセット・コンプライアンスを現実に行っていくために、事実関係の調査・分析能力を有する社内スタッフを確保することが重要となってくるでしょう。

3 内部統制論との関係

「内部統制」とは、基本的に、
① 業務の有効性および効率性
② 財務報告の信頼性
③ 事業活動にかかわる法令等の遵守
④ 資産の保全
の4つの目的が達成されているとの合理的な保証を得るために、業務に組み込まれ、組織内のすべての者によって遂行されるプロセスをいいます。そし

て、内部統制は、

① 統制環境
② リスクの評価と対応
③ 統制活動
④ 情報と伝達
⑤ モニタリング（監視活動）
⑥ IT（情報技術）への対応

の6つの基本的要素から構成されます。

　近年、内部統制に関する法制化が急速に進みました。

　アメリカでは、2001年に発覚したエンロン事件および翌年のワールドコム事件を契機として、世界的に不正会計処理問題が表面化し、2002年7月、企業改革法（サーベンス・オックスリー法／SOX法）が制定され、上場企業等に対して、財務報告にかかわる内部統制についても経営者の評価と外部監査人による証明を年次報告にて添付することが義務付けられました（企業改革法404条）。

　一方、日本でも、2004年以降、カネボウ事件や西武鉄道事件といった粉飾事件や開示書類の虚偽記載事件により、アメリカと同様の問題が注目されるようになりました。そこで、証券取引法から金融商品取引法への改正に際し、企業の内部統制の強化を図るための改正が行われたのです。金融商品取引法のこの部分は、日本版SOX法と呼ばれています。さらに、財務に限らない内部統制システムの構築義務が会社法に規定され、企業不祥事において、取締役に構築義務違反を追及する事例が増えています。

４ 公益通報者保護法への対応

　企業のコンプライアンスに関して、2006年4月に施行された公益通報者保護法への対応を考慮しなければなりません。この法律は、公益通報をしたことによる解雇の無効などにより公益通報者の保護を図ることを目的としてい

ます。勤務先の企業等の法令違反行為を通報した者に、解雇等の不利益な取扱いを行うことを禁止する法律です。

　コンプライアンスを「社会的要請への適応」ととらえる場合、「通報制度」は、従業員の側から、方針に反する行為が行われている事実についての情報をトップに伝達するための手段として、「予防的コンプライアンス」の重要な役割を果たします。

　このような情報提供者はコンプライアンスの担い手の一人ですから、不利益な扱いをしてはならないのは、法律の有無にかかわらず当然のことです。

　しかし、同法の施行前から、多くの企業で「社内通報制度」や「ヘルプライン」がつくられていたものの、それがコンプライアンスのために有効に機能しているわけではありませんでした。それは、コンプライアンスのとらえ方が違っているからです。コンプライアンスを「法令違反、規則違反、セクハラ、パワハラはいけない」という意味だと理解しているために、ちょっとしたセクハラ、パワハラ、規則違反、ほとんど個人的な上司への不満や同僚へのねたみなどの動機でヘルプラインに通報し、それで解決するという使われ方に終始してしまっていたのです。

　従業員がコンプライアンスをきちんと理解している企業では、通報制度は、企業の方針と社会のズレや環境の変化に気づいたボトムからトップへの情報の流れをつくる重要なシステムとなるのです。

コンプライアンス環境マップ

１　環境マップとは

　これまで見たように、コンプライアンスを考えるうえで、業務にかかわるさまざまな社会的要請を認識し、適切に把握することが何より重要です。

　しかし、企業に対する社会的要請は、需要に反映されているもの、反映さ

れていないものを含め、さまざまであり、それらの要請は、社会の変化に伴って変化します。そのため、企業が社会的要請の変化に適応するためには、企業をとりまく環境全体、つまり、企業が社会から受けている要請の全体像を把握し、変化を具体的に認識する必要があります。

　そして、これを考えるうえで参考となるのは、業務をとりまくさまざまな法令です。すでに述べたように、社会的要請の一部は法令になっておらず、乖離がありますが、一方で、重要な社会的要請の多くは法令となっているのも事実であり、企業をとりまく数々の法令を把握し、その趣旨・目的を理解し、改正などの議論にも気を配ることで、潜在的な社会的要請や、社会的要請の変化を把握することが容易になります。

　企業をとりまく法令と、その背後にある社会的要請全体を、いくつかのカテゴリーに整理し、各カテゴリーを社会的要請の集合体としての「環境要素」として整理し、まとめたものが「コンプライアンス環境マップ（環境マップ）」です。企業をめぐる「環境マップ」を作成することによって、企業をとりまくさまざまな社会的要請を認識、把握してもらいたいと思います。

　下図は一般的な企業における「環境マップ」です。

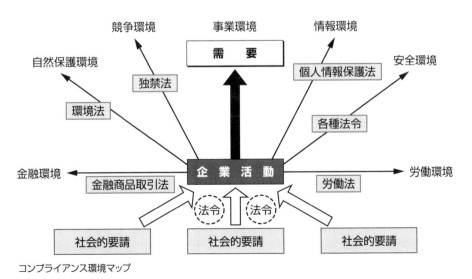

コンプライアンス環境マップ

2 環境マップで理解する社会的要請の変化

　一般的な企業にとって環境要素の中心となるのは、需要に応える事業活動に関する社会の要請です。これを「事業環境」といいます。その他にも、主な環境要素として、自然保護に関する社会の要請を「自然保護環境」、企業の活動に関連する情報の取扱いに関する社会の要請を「情報環境」、企業相互間の競争に関する社会の要請を「競争環境」、企業活動によって人の生命身体に危害を加えてはならないという社会の要請を「安全環境」、従業員の労働に関する社会の要請を「労働環境」、そして、企業の資金調達の手段等に関する社会の要請を「金融環境」といいます。なお、一般営利企業ではない場合、例えば自治体であれば、中心は「住民のニーズ」になるなど、組織や企業によって、環境が変わります。

　個々の環境、つまり、社会的要請は、社会の価値観の変化とともに変化します。例えば、「競争環境」については、世の中の考え方も、国の政策も大きく変化してきました。かつての日本では、事業者間の協調を重視し、競争を一定の範囲に制限し、経営の安定を図ろうとする考え方が中心でしたが、バブル経済崩壊後、規制緩和の動きが加速し、競争に関する世の中の動きが活発になるにつれて、競争を阻害するカルテル・談合などは厳しい制裁の対象とされるようになりました。グローバル化も進展し、多くの事業分野で、競争環境は激化する方向に変化しています。

　「安全環境」も大きく変化しています。企業活動の高度化・専門化が進むにつれ、客観的な「安全」の判断が難しくなったために、企業が活動の際に安全を確保する体制を整え、安全性に関して問題が指摘されたときには情報を正確に開示して説明することで、企業の信頼性が確保されるという「安心」が求められるようになっています。

　高度情報化社会の到来で、劇的に変化しているのが「情報環境」です。ネット空間の急速な拡大・進化によって、個人情報の保護の必要性が一層高まる一方で、組織の構成員にとってさまざまな手段による情報発信が可能となり、

企業の社員・従業員と社会との距離が確実に縮まっています。この急激な変化は、他の環境要素にも大きな影響を及ぼしています。例えば、「情報環境」の変化がさまざまな新たなニーズを発生させ、「事業環境」そのものを変化させることは言うまでもなく、さらにそれによって、市場の範囲も急激に拡大し、競争手段も多様化することで、「競争環境」も激変しています。

　また、人件費の低減のために、企業とのかかわりが一時的であることから帰属意識が薄い非正規従業員を大量に雇用せざるを得なくなるという「労働環境」の変化と、個人が直接社会とつながるようになったという「情報環境」の変化が重なることで、社員・従業員によるネット投稿が、勤務先企業にとって重大な問題となる事例も発生しています。

３ 環境マップで理解する社会的要請相互の影響

　そして、個々の環境要素の変化は、相互に影響を及ぼし合います。例えば、「事業環境」の変化により、商品・サービスの供給を需要の増減に応じたものにしていくと、それが他の要素にさまざまな影響を与えます。

　ある商品の需要が急激に高まり、それに対応して企業が大幅な増産をすれば、従業員は休日勤務や時間外勤務で対応しなければならなくなり、「労働環境」に影響を与えます。そして、増産が製造設備に負荷を与えることで、事故のリスクを生じさせ、また、稼働が増加すれば、汚染物質の排出・流出などのリスクを生じさせるということで、「安全環境」「自然保護環境」にも影響を与えます。

　逆に、ある商品の需要が急激に減少すると、企業は、それに対応して減産します。仕事の量が減るので従業員の労働時間の短縮、一時帰休、最終的にはリストラ、解雇という事態もありえ、「労働環境」に深刻な影響を与えます。そして人員が削減されることによって生じる安全面の問題もあり、「安全環境」にも影響していきます。

4 環境マップの重要性

多くの企業不祥事は、このような、何らかの環境変化（社会的要請の変化）が企業活動に影響を及ぼし、それによって、他の環境要素の社会的要請に応えられなくなることによって発生します。

重要なことは、個々の環境要素ごとに、その変化を認識し、企業がその変化にどのように対応し、それが他の環境要素（社会的要請）との関係でどのような問題が生じ得るのか、リスクを具体的に認識することです。また、重大な不祥事が発生した後の危機対応の局面においては、「環境変化への不適応」という観点から分析することで、原因を的確に把握することが可能となります。

さまざまな社会的要請の変化にバランスよく適応するというコンプライアンスの最大の課題に対応するためには、環境マップを活用し、社会的要請の変化を把握し、複数の社会的要請のバランスを考えることが重要なのです。

コンプライアンス違反に関する責任

❶ コンプライアンスと制裁・責任

　企業や組織の活動に関してコンプライアンスに反する行為が行われた場合、それを行った個人や企業に対して、どのような不利益が科されるでしょうか。

　コンプライアンスを「社会的要請への適応」ととらえれば、コンプライアンス違反はそのまま法令違反や規程違反となる場合だけではありません。しかし、法令や規則に違反してしまった場合の不利益を知っておくことは、コンプライアンスの方針決定や組織構築、コンプライアンス問題の予防のために役立ちます。以下では社内規程違反の行為に対してどのような制裁があるのか、各法令違反の行為に対してどのような制裁が規定されているのかを考えるとともに、コンプライアンス違反によって生じる責任や不利益全般について考えてみましょう。

❷ 社内規程違反

　社内規程のうち、コンプライアンスにかかわるものは一般的に「コンプライアンス規程」あるいは「コンプライアンス憲章」などと呼ばれています。

　以前は、抽象的な内容のものが多く、建前にすぎない場合が多かったのですが、最近では、具体的な規程が設けられるようになり、個々の具体的規程に違反した場合の措置についても規定されていることがあります。

そのような制裁条項の多くは、企業と社員の間の雇用契約の内容である「就業規則」にある、「懲戒処分」の規定に基づくものとなっています。

一般的に、就業規則に定められる懲戒には以下のようなものがあります。

① 懲戒免職（＝懲戒解雇）……解雇すること
② 諭旨免職…………………………辞表を書かせて退職させること
③ 停　職（出勤停止）…………出勤を停止し、その間の給与は支給しない
④ 減　給…………………………一定期間給与を減額すること
⑤ 戒　告（＝けん責）…………始末書を提出させるなどして戒めること
⑥ 訓　告…………………………国家公務員の場合３回で戒告１回となる
⑦ 厳重注意
⑧ 口頭注意

3 法令違反

現在、日本では有効な法律が1000以上あるといわれています。その多くには、違反に対する罰則規定があります。また、罰則以外にも法律に基づく不利益が科されることがあります。

１つの行為にいくつもの法律が適用される場合があります。例えば、刑事罰と行政罰、さらに民事上の責任が生じることがあるのです。

次のような例を考えてみましょう。

＜事例－１＞

> Ｘ社に勤めるＡさんは、会社の車を使って営業をしていたが、スピードの出し過ぎで、歩行者のＢさんをはねて重傷を負わせてしまった。

この場合、AさんやX社は、どのような法律により、どのような不利益が科されるでしょうか。

1）自動車運転死傷行為処罰法

　自動車運転中の過失で人身事故を起こしたとき、これまでAさんは、現在は削除されている「自動車運転過失致死傷罪」（刑法211条旧第2項）に問われていました。しかし、悪質・危険な運転で事故を起こす運転者に対する罰則を強化した、「自動車の運転により人を死傷させる行為等の処罰に関する法律（いわゆる自動車運転死傷行為処罰法）」の成立により（2014年5月20日施行）、Aさんは同法における過失運転致死傷罪（同法5条）で裁かれることになり、その最高刑は懲役7年となっています。なお、無免許の場合には、法定刑が加重され、10年以下の懲役が科されます（同法6条4項）。

2）刑事訴訟法

　この刑事罰を科すための手続きは、刑事訴訟法で定められており、通常は、警察や検察による取調べの後、裁判所での公判手続きを経て、刑事上の責任が確定します。取調べや公判への出廷のために、Aさんは会社を休まねばなりませんし、X社にとっても負担となります。

3）道路交通法

　スピード違反については、道路交通法22条で、「車両は、道路標識等によりその最高速度が指定されている道路においてはその最高速度を、その他の道路においては政令で定める最高速度をこえる速度で進行してはならない」と定められています。

　また、70条で、「車両等の運転者は、当該車両等のハンドル、ブレーキその他の装置を確実に操作し、かつ、道路、交通及び当該車両等の状況に応じ、他人に危害を及ぼさないような速度と方法で運転しなければならない」と規定されています。

そして同法には、それぞれの条文に反した行為をした場合の罰則も定められていますから、違反する行為をしたＡさんには、道路交通法上の罰則が適用されます。

　そして罰則以外にも、運転免許の停止や取消しといった「行政処分」も科されることになります。Ａさんは、スピード違反で人を負傷させていますので、速度違反と安全運転義務違反を理由に、免許停止または取消しの処分を受けることになります。

4）民　法

　Ａさんは、負傷させてしまったＢさんから、民法709条の不法行為責任に基づいて、入院費用や休業損害、後遺症による損害などを請求される場合があります。

　そして、この事故はＡさんがＸ社の車で営業活動という業務を行っている間に起きたものですから、Ｂさんは、民法715条に基づいて、Ａさんの雇用主であるＸ社に対しても使用者責任として損害賠償を請求することができます。Ｘ社はＡさんを使用して利益を得ているので、Ａさんが生じさせた損失についても、Ｘ社も責任を負うべきだと考えられているからです。

　このように、Ａさんが業務中に違法行為を行ったことにより、民事上、ＡさんだけでなくＸ社にも不利益が生じることになります。

＜事例－２＞

> 　Ｃさんは、勤務するＹ社で自分のミスにより大量の書類を廃棄せざるを得なくなり、処理費用がかからないように、それらの書類をこっそり山の中に捨ててしまった。

　この場合、Ｃさんが行った書類の不法投棄は、「廃棄物処理法（廃棄物の処理及び清掃に関する法律）」に違反します。同法16条に「何人も、みだり

に廃棄物を捨ててはならない」とあり、25条には、これに反した者には「5年以下の懲役若しくは1000万円以下の罰金に処し、又はこれを併科する」との罰則が規定されています。

この罰則はCさん個人に適用されるものですが、廃棄物処理法には両罰規定があります。従業員の違反行為について、会社も責任を負うというものです。この事例の場合、Cさんに罰則が科されるほかに、CさんはY社の従業員ですから、Y社に対しても3億円以下の罰金が科せられることになります（廃棄物処理法32条）。

各種法令違反に対する刑事罰制度

1 刑罰の種類

このように、それぞれの事件で該当する法律による罰則や措置がとられるわけですが、まず刑事罰について見てみましょう。

まず、刑法に規定されている刑罰は、死刑・懲役・禁錮・罰金・拘留・科料の6種類です（刑法9条）。

この6つは、死刑（生命刑）を除き、「自由刑」（人の身体の自由を奪う刑）と「財産刑」（財産を奪う刑）に分けられます。このほかに、付加刑として没収や追徴が科される場合があります。

どの犯罪にどの程度の刑罰を科すかは法に定められています。法に定められた刑を基準として、加重や減軽がなされた幅の中で、実際に言い渡される刑が決まるのです。

1）自由刑

① 懲　役………刑事施設で労役に服させる刑
② 禁　錮………刑事施設に収監するが労役には服させない刑

③　拘　　留………1日以上30日未満の期間、刑事施設に拘置する刑

2）財産刑

①　罰　　金………1万円以上の金額を国に納めさせる刑
②　科　　料………1000円以上1万円未満の金額を国に納めさせる刑
③　没　　収………犯罪に関係のある物の所有権を奪って国が処分する刑
④　追　　徴………没収すべき物の没収ができない場合に、その価額を納付
　　　　　　　　　　させる刑

２ 企業法に規定されている刑事罰

　刑法だけでなく、ほかにも刑罰を定めている法律はたくさんあります。これらの法律に定められている刑罰の種類も刑法と同様です。ここでは、コンプライアンスを考えるうえで関係してくると思われる刑事罰を見渡してみましょう。

1）刑法違反

　刑法違反の罰としては、業務上横領罪なら10年以下の懲役（刑法253条）、背任罪なら5年以下の懲役または50万円以下の罰金(247条)が科せられます。
　このほかにも、贈収賄罪（197条～198条）、脅迫罪（222条）、強要罪（223条）、名誉毀損・侮辱罪（230条～232条）、信用毀損・業務妨害罪（233条～234条の2）、窃盗罪（235条）、詐欺罪（246条）、恐喝罪（249条）などの罰が規定されています。

2）会社法違反

会社法上の主な犯罪行為としては、以下のものがあげられます。
①　**特別背任罪**（会社法960条）
　　取締役・会計参与・監査役・執行役などが自己または第三者の利益を図る目的等で任務違背行為をし、会社に損害を与えた場合、10年以下の懲役、

1000万円以下の罰金のいずれか、または双方が科されます。

② **会社財産を危うくする罪**（963条）

　取締役・会計参与・監査役・執行役などが、資本金払込み状況等に関して株主総会で虚偽の申述をしたり、事実の隠ぺいをする行為、会社の計算において不正にその株式を取得する行為、違法配当行為、会社の目的の範囲外において投機取引のために株式会社の財産を処分する行為をした場合、5年以下の懲役、500万円以下の罰金のいずれか、または双方が科されます。

③ **預合いの罪**（965条）

　取締役・会計参与・監査役・執行役などが、株式の発行にかかる払込みを仮装するために預合いを行ったときは、5年以下の懲役または500万円以下の罰金のいずれか、または双方が科されます。

④ **取締役等の贈収賄罪**（967条）

　取締役・会計参与・監査役・執行役などが、その職務に関して不正の請託を受けて財産上の利益を収受し、またはその要求もしくは約束をする行為をした場合、5年以下の懲役、または500万円以下の罰金のいずれかが科されます。

⑤ **株主の権利の行使に関する利益供与の罪**（970条）

　取締役・会計参与・監査役・執行役・使用人などが株主の権利の行使に関し、当該株式会社またはその子会社の計算において財産上の利益を供与する行為をした場合、3年以下の懲役または300万円以下の罰金のいずれか、または双方が科されます。

　このほかにも、虚偽文書行使等の罪（964条）、株式の超過発行の罪（966条）、株主の権利の行使に関する贈収賄罪（968条）などが定められています。

3）その他の法令違反

　その他の企業法に規定されている刑事罰には、主に以下のようなものがあ

ります。

- ・労働基準法違反に基づく刑事罰（労働基準法117条以下）
- ・独占禁止法違反に基づく刑事罰（独占禁止法89条〜100条）
- ・特許権侵害に基づく刑事罰（特許法196条以下）
- ・法人税法違反に基づく刑事罰（法人税法159条以下）
- ・所得税法違反に基づく刑事罰（所得税法238条以下）
- ・関税法違反に基づく刑事罰（関税法108条の 4 〜118条）
- ・金融商品取引法違反に基づく刑事罰（金融商品取引法197条〜209条の 3 ）
- ・外為法違反に基づく刑事罰（外国為替及び外国貿易法69条の 6 以下）
- ・食品衛生法違反に基づく刑事罰（食品衛生法81条以下）
- ・薬機法違反に基づく刑事罰（薬機法83条の 6 以下）
- ・廃棄物処理法違反に基づく刑事罰（廃棄物処理法25条以下）

3 刑事手続きの流れ

刑事罰が科される場合の事件の発生から刑の執行までの手続きの流れは、以下のようになります。

1 ）捜　査

警察官等が犯罪の疑いがあると考えたときに捜査が開始されます。犯罪の疑いがあると考えるきっかけになるもののことを「捜査の端緒」といいます。「捜査の端緒」には、職務質問、自動車検問、犯人の自首、被害者などの告訴、被害届、第三者による告発などがあります。

犯罪の疑いがある人（被疑者）に、逃亡や証拠隠滅のおそれがあるときには、逮捕、勾留といった、身体を拘束する手続きがとられることもあります。

2 ）起　訴

警察官から事件の送致を受けた検察官は、さらに捜査をしたうえで、的確な証拠に基づき有罪判決が得られる高度の見込みがあると判断したときは、

公訴を提起（起訴）します。

　犯罪の嫌疑が不十分である場合や訴訟条件を欠く場合には起訴しません。これを不起訴処分といいます。

　また、犯罪の嫌疑があっても犯人の性格、年齢および境遇などを考慮して、犯罪の種類が軽微であるなど、検察官が起訴する必要がないと判断して不起訴処分にする場合もあります。これを起訴猶予といいます。

３）公　判

　被疑者は、起訴されてからは被告人と呼ばれます。

　起訴されると舞台は裁判所に移ります。裁判（公判）は、検察官が起訴した事実があったかなかったか、あったとした場合はどのような処罰をしたらよいかを決めるための手続きです。

　公判手続きは、「冒頭手続」「証拠調手続」「弁論手続」の順に進行します。

　「冒頭手続」では、誰がどのような犯罪で起訴されているかを確認し、被告人と弁護人がそれについて意見を述べます。

　「証拠調手続」では、まず検察官が証拠によって被告人の犯罪行為を立証します。その後で被告人と弁護人が立証を行います。

　「弁論手続」では、検察官が事実関係や情状についての意見と、被告人に対して科すべき刑についての意見を述べます。これを論告求刑といいます。一方、弁護人も被告人の供述や主張に基づいて意見を述べます。これを最終弁論といいます。

　被告人自身も最後に自分の意見を述べます。これを最終陳述といいます。

４）判決の宣告

　これらの手続きが終わると、裁判所が「判決」を言い渡します。

　「判決の宣告」は、有罪・無罪についての判断と、有罪の場合には被告人に科す刑を言い渡すことです。

　一般的に、被告人が３年以下の懲役か禁錮、または50万円以下の罰金の言

い渡しを受ける場合で、十分に反省していて再犯のおそれが小さいと思われる場合には、刑の執行を1年から5年の期間、猶予することができます。これを「執行猶予」といいます。執行猶予となった場合は、猶予期間、犯罪を行うことなく経過すれば刑の言い渡しは効力を失いますが、もしその間に罪を犯すと、執行猶予は取り消され、新たな罪の刑とともに猶予されていた刑の執行がなされることになります。

5）判決の確定

　検察官、被告人および弁護人などは、判決に不服がある場合には、上級裁判所に判決内容の変更を求めて上訴することができます。地方裁判所、家庭裁判所または簡易裁判所の判決に対する高等裁判所への上訴を「控訴」、高等裁判所の判決に対する最高裁判所への上訴を「上告」といいます。

　上訴の提起期間は、判決の宣告の日の翌日から14日間です。この期間内に検察官も被告人も不服申し立てをしないとき、または最高裁判所の判決または決定が出されたときに、判決の内容が「確定」します。

6）刑の執行

　判決が確定すると、判決で言い渡された刑が執行されます。執行猶予がつかず、懲役、禁錮の実刑に処せられたときには、刑務所等の刑事施設へ収監されます。罰金刑を科されたときは速やかに納付しなければなりません。罰金を納めないときは、判決で言い渡された1日当たりの金額で換算した日数の間、労役場に留置されることになります。

4 略式手続について

　略式手続とは、犯罪事実が明らかで軽微な事件について、簡易裁判所が、検察官の請求により、刑事訴訟法に定める公判手続きによらないで一定額以下の罰金または科料の刑を科する手続きです。100万円以下の罰金または科料を科す場合で、被疑者に異議がない場合には、上記のような公判手続きを

経ないで、検察官が提出した資料だけを調査して簡易裁判所が罰金または科料を科します。この略式命令に不満がある場合は、略式命令の告知を受けた日を含んで15日以内に（刑事訴訟法465条1項、55条1項）正式裁判の請求をすることができます。

5 両罰規定について

両罰規定とは、従業者（法人の代表者、法人の代理人、法人の使用人、人の代理人または人の使用人など）が、事業主（法人または人）の業務について違反行為を行った場合、違反行為をした従業者を罰するとともに、事業主も罰することを定める規定です。代表者や従業員の違反行為によって、行為者と法人の両方が処罰されることから両罰規定といいます。個人事業主の場合も、両罰規定によって行為者である従業員と事業主の両方が処罰されます。

「労働基準法」「独占禁止法」「金融商品取引法」「不正競争防止法」「景品表示法」など、多くの法律に両罰規定が設けられています。

5 行政上の制裁措置

1 課徴金

課徴金とは、法を犯した企業や人物に対して金銭的な負担を課すことで、違反行為を抑制する行政処分のことです。「独占禁止法」や「金融商品取引法」などでそれぞれ定めがあります。

「独占禁止法」では談合やカルテルなどに適用しています。事業者が不当な取引制限を行ったり、不当な取引制限を内容とする国際的協定、国際的契約を行ったりしたときは、公正取引委員会は違反を実行した事業者に対して、企業規模や業種に応じて違反行為にかかる商品・役務の売上げ等に定められた率を乗じた額の10%から1%の額の課徴金の納付を命ずることとされてい

ます（独占禁止法７条の２）。また、事業者団体が競争の実質的制限を行った場合は、違反行為の実行としての事業活動を行った事業者団体の構成事業者に対して、同様に課徴金が課されます（８条の３）。

　独占禁止法上の課徴金制度は、実効性を高めるために、度重なる改正をしてきました。

　まず、課徴金の算定方法については、2005年改正で、基本の算定率が10％に引き上げられるなどの課徴金増額の方向での大きな改正が行われ、その後も2009年改正で対象行為を拡大するなどの改正が行われていました。しかし、それでも国際標準から見ると低額との批判が強く、2019年改正で、算定の基礎となる売上を対象商品・役務の売上額だけでなく、密接関連業務の対価に拡大したり、一定の場合にはグループ企業の売上額も含むなどの改正を行ったほか、算定期間も、最大で３年間であったのを、10年前まで遡ることが可能となるなど、これまで以上に高額な課徴金を課すことが可能となっています。

　また、2005年改正では、違反行為の調査を行いやすくすることを目的とし、違反行為者に自主申告のインセンティブを与えるために課徴金減免制度が導入されており、2009年改正では、適用事業者数を最大５社に拡大するなど、課徴金減免制度の拡充を図ってきました。しかし、さらなる調査協力のインセンティブのため、2019年改正では、従来の減免に加えて、実態解明への協力度合いに応じた減算率を付加する調査協力減算制度を導入したり、課徴金減免制度の適用事業者数の上限を撤廃するなど、大きな改正が行われています。

　また、「金融商品取引法」では、インサイダー取引違反や有価証券報告書などでの虚偽記載に対して課徴金制度を適用しています。

　発行者が、重要な事項について虚偽の記載がある有価証券報告書等を提出したときは、定められた金額の課徴金を国庫に納付することとされています（金融商品取引法172条の２）。また、インサイダー取引や相場操縦、風説の流布などの違反行為を行った場合も同様です（172条以下）。

このほかに、2008年 4 月施行の改正公認会計士法、2016年 4 月施行の改正景品表示法においても、課徴金の制度が設けられました。

これらの課徴金の趣旨は、不当に得た利益を国庫に納めさせることで、違反行為の抑止を図ることにあり、反社会性や反道徳性に着目して制裁として科される刑事罰とは趣旨・目的が異なるため、課徴金と罰金を併科することは、二重処罰（憲法第39条）とはならないと解されています。

2 過　料

「過料」とは行政上の義務の違反に対して科される「行政上の秩序罰」です。刑罰を科すほど重大でない法令違反行為が対象となります。刑罰としての「科料」と区別するために、「科料」は「とがりょう」と呼び、「過料」は「あやまちりょう」と呼んだりします。

「過料」は金銭を科す罰ですが、犯罪に対する刑罰としての科料、罰金とは異なって、刑法総則の適用はなく、その科罰手続きについては刑事訴訟法の適用もありません。刑罰ではないのです。ただし、不利益処分になりますから、手続保障のため、法令で特に定めがない場合には非訟事件手続法の規定によって、地方裁判所の決定で科されます（非訟事件手続法119条〜122条）。

過料には、会社の発起人や取締役等が、法の規定による登記を怠った場合（会社法976条）、証人の不出頭の場合（民事訴訟法192条）、不正の手段で閲覧等をする行為（住民基本台帳法51条）、地方公共団体の条例違反に対するもの（地方自治法14条 3 項）などがあります。

3 重加算税

重加算税とは、過少申告加算税または不納付加算税が課される場合において隠蔽や仮装がある場合に、増加の本税に対し35％の税率で、また、無申告加算税がある場合において隠蔽や仮装がある場合に、増加の本税に対し40％の税率で課される追加課税のことを言います（国税通則法68条）。重加算税は、申告納税をめぐる不正行為に対する制裁としての機能を果たしています。

その他の行政上の不利益的措置

　企業が事業を行う場合、許認可のような「事前規制」のほか、営業停止命令、免許の取消しという「事後的処分」を受けることがあります。事業を行う際に、行政が事業活動に事前に介入する態様には、「許可」「認可」「届出」「免許」などがあります。業務の性質上、国民の生命、身体、財産に損害を発生させるおそれが高い業務は、その業務を行うにふさわしい一定の能力や資格を有することが必要となるからです。なお、「許可」「認可」などの用語は、行政法の講学上の分類と、法令上の表現が異なる場合があります。

1) 許　可

　「許可」とは、法令で一般的に禁止されている行為について、特定の場合に限ってその禁止を解除する行政行為をいいます。例えば、中古品の売買などを商売で行うことは、一般的にはできません。なぜなら、中古品の中には、盗品等が含まれている可能性が高いので、そのような物を取り扱うことは一般的に禁止されています。そこで、中古品の売買などの商売をしたいときには、その禁止を解いてもらう必要があります。これが、古物商「許可」です。事業としては、飲食店、建設業、運送業などがこれにあたります。

2) 認　可

　「認可」とは、第三者による法律行為を補充することにより、その効果を完成させる行政行為をいいます。例えば、物の販売価格は、売る側が自由に設定できますが、公共料金については認可を受けなければ効力が生じません。バスやタクシーの運賃の認可などがこれにあたります。また、法律により主務大臣の認可が必要な法人として、社会福祉法人、学校法人があります。

３）届　出

　「届出」とは、法令で定められている特定の行為について、一定の事項を、あらかじめ行政官庁へ通知することをいいます。行政官庁の諾否の応答を予定しません。例えば、新たにクリーニング所を開設しようとするときは、施設の位置、構造設備、クリーニング師、その他の従業員の氏名等の関係書類を添えて、届け出ることになっています。「届出」を行うことで一般的禁止が解除されるという効果が生じる点で「許可」と類似します。

４）免　許

　「免許」は、これも一般的に禁止されている行為を、行政が特定の場合に特定の人だけに許すことで、許可とほぼ同じと考えてもよいでしょう。酒類販売業、宅地建物取引業などがこれにあたります。

　許認可等を必要とする事業については、監督官庁の指導・監督が行われます。法令違反行為を行ったりした場合には、期間を定めた営業停止処分や、違反が重大な場合には営業の許認可の取消しが行われることもあります。このような法令違反に対する営業停止処分は、その期間事業活動が行えず事業者に大きな経営上の損失を与えます。制裁を目的とするものではありませんが、事実上大きな不利益を生じさせることになります。

　また、独占禁止法では、私的独占・不当な取引制限・不公正な取引方法といった行為を禁止し、企業結合・独占的状態などを規制しています。違反した場合、行政上の措置である排除措置命令（独占禁止法７条）がなされることがあります。

法令その他のルールの基本的役割

法令その他のルールとは

　日本の法律は、「成文法」であるため、その機能には限界がありますが、だからといって法律は重要でないとか、法を軽視してよいわけではありません。現時点の社会的要請とはズレがあるかもしれないものの、法は、基本的にはある時期の社会の価値観を反映したものであり、現在の社会的要請をくみ取る前提となるものだからです。

　コンプライアンスに関連する法令としては「憲法」「法律」「政令」「条例」などがあります。

　まず、これらの法令はそれぞれ、どのようにして制定されるのか、その過程を見てみましょう。

法令の制定過程

1 法律の制定

1）法律案の原案作成

　内閣が提出する法律案の原案の作成は、それを所管する各省庁において行われます。各省庁は、所管行政の遂行上決定された施策目標を実現するため、新たな法律の制定または既存の法律の改正もしくは廃止の方針が決定される

と、法律案の第1次案を作成します。この第1次案をもとに、関係する省庁、与党との意見調整等が行われ、必要な場合には審議会に対する諮問または公聴会における意見聴取等の手続きを済ませます。そして、法律案提出の見通しがつくと、その主管省庁は、法文化の作業を行い、法律案の原案ができあがります。

2）内閣法制局における審査

内閣が提出する法律案については、閣議に付される前にすべて内閣法制局における審査が行われます。

3）国会提出のための閣議決定

閣議請議された法律案については、閣議の席上、内閣法制局長官からその概要の説明が行われ、異議なく閣議決定が行われると、内閣総理大臣からその法律案が国会（衆議院または参議院）に提出されます。

4）国会における審議

内閣提出の法律案が衆議院または参議院に提出されると、原則として、その法律案の提出を受けた議院の議長は、これを適当な委員会に付託します。委員会における審議は、まず、国務大臣の法律案の提案理由説明から始まり、審査に入ります。審査は、主として法律案に対する質疑応答の形式で進められます。委員会における質疑、討論が終局したときは、委員長が表決に付します。

委員会における法律案の審議が終了すれば、その審議は、本会議に移行します。

内閣提出の法律案が、衆議院または参議院のいずれか先に提出された議院において、委員会および本会議の表決の手続きを経て可決されると、その法律案は、他の議院に送付されます。送付を受けた議院においても、委員会および本会議の審議、表決の手続きが行われます。

5） 法律の成立

　法律案は、憲法に特別の定めのある場合を除いては、衆議院および参議院の両議院で可決したとき法律となります。法律が成立したときは、後議院（衆議院、参議院のうち、後で審議した議院）の議長から内閣を経由して天皇に奏上されます。

6） 法律の公布

　法律は、法律の成立後、奏上された日から30日以内に公布されなければなりません。法律の公布は、公布のための閣議決定を経たうえで官報に掲載されることによって行われます。

　なお、法律の効力が一般的、現実的に発動し、作用することになることを「施行」といい、公布された法律がいつから施行されるかについては、通常、その法律の附則で定められています。

　これらの状況は、各省庁や議院のホームページや官報などで確認することができますから、どのような法律が制定されるのか、今国会で成立した法律の内容や施行日などについて情報を得ることができます。

2 政令の制定

　「政令」とは、内閣が制定する命令です。成立した法律について、その実施に必要な規則や、法律が委任する事項を定めています。

　政令は、以下のような手続きによって制定されます。

　閣議において決定され（内閣法4条1項）、主任の国務大臣が署名し、内閣総理大臣が連署（憲法74条）したうえで天皇が公布します（憲法7条第1号）。

　この政令には、法律の委任がある場合を除いては、罰則や義務を定めることはできません。

３ 条例の制定

「条例」とは、地方公共団体の議会の議決によって制定される法形式をいいます。法律は、日本全国を範囲として、国民に義務を課したり、または国民の権利を制限したりするものが多いのに対し、条例は、「当該地方公共団体の区域内」でのみ効力を持ち、「法令に違反しない」限りにおいて制定することができるという制約があります。

しかし、その制約の中では、法律と同様に、住民の権利を制約するような権力的な規定を含むものも制定することができます。

条例の制定手続きは、以下のようになります（地方自治法12条、14条、16条）。

① **条例案の作成、送付、提案**

条例は、議会に提案し、議決されなければ制定することができません（例外はあります）。そのため、地方公共団体の各課の仕事において、条例の制定や改正が必要になったときは、条例案を作成し、議会に送付、提案します。また、住民が直接、条例の制定、改廃を請求することもできます。

② **条例案の議決**

議会に送付、提案された条例案は、議決が行われます。議長は、議決があった日から３日以内に、これを地方公共団体の長に送付します。

③ **条例の公布・施行**

送付された条例は、20日以内に公布され、公布の日から10日を経過した日から施行されます。

 ## 法令の構造

法令にはいくつかの分類がありますが、ここでは以下の４つをあげておきます。

1 公法と私法

「公法」は、国家と国民との関係を定めた法律です。憲法、刑法や各種の税法などです。

例えば、Ａさんが他人の物を盗むと、刑法に規定する窃盗罪という罪を犯した（犯罪）ことになり、国によって処罰されます。刑罰を与える権利は国にしかありません。また、Ｂさんが仕事をして収入を得ると、所得税法の規定に従って、その収入のうちからある一定額の税金を国に納めなければなりません。このように、国との関係を定めたものが「公法」です。

一方、ＡさんとＢさんがある日、Ａさんのパソコンを10万円でＢさんに売ることを約束したとします。ＡさんとＢさんの間に売買契約が成立するわけです。契約が成立すると、その契約に従って、ＡさんはＢさんにパソコンを引き渡さなければなりませんし、Ｂさんは代金として10万円を支払わなければなりません。このような売買契約は民法に規定されています。

この例からも分かるように、ＡさんとＢさんの売買契約には国は関与していません。Ａさん、Ｂさんという一般市民がそれぞれの自由な意思に基づいて売買契約という法律関係に入ったわけです。

このように、市民社会での法律関係を規定したものが「私法」で、民法や商法などがこれにあたります。

2 実体法と手続法

「実体法」とは、事柄の「実体」を規定した法です。それに対して、「手続法」とは「実体法を実現する手続き」を規定した法です。

例えば、「お金を借りた者は返済する義務がある」というように、権利・義務の発生や消滅を定めているのが民法などの実体法です。そして、返済しない場合に強制的に返済させる手続きを規定した法は民事訴訟法などの手続法です。

また、犯罪を行った者に刑罰が科されることを規定しているのが刑法であ

り、刑罰を科すための手続きを規定しているのが刑事訴訟法です。

　民法や商法、刑法は「実体法」で、民事訴訟法や刑事訴訟法が「手続法」です。

3 一般法と特別法

　ある領域を広くカバーする法律を「一般法」、その中の一定の領域のみを対象とする法律を「特別法」といいます。私法の領域における「一般法」は、民法であり、商法や借地借家法など、このルールを特別の場合に修正しようとする場合につくられるのが「特別法」です。

　「一般法」と「特別法」で、その適用の順序が決まります。法の適用は一般法が基本となるのですが、ある法律関係について適用される「特別法」がある場合で、その「特別法」の規定が「一般法」の規定と違う場合には、「特別法」が優先されることとなります。

　例えば、A株式会社がBスーパーマーケットに食品を納入する契約を結んでいたとします。これは、民法に規定する売買契約にあたりますが、この場合はA株式会社もBスーパーマーケットも"商人"ですので、AB間の契約に基づく法律関係はまず「商法」の規定が適用されます。

　このような、民法と商法の関係を、「一般法」（私法の一般法である民法）と「特別法」（民法の特別法である商法）の関係というのです。

　土地や建物の貸し借りの場面では、民法の賃貸借契約に対して、借地借家法が「特別法」です。

　雇用の場面では、民法の雇用契約に対して、労働基準法などの労働関係法が、労働契約についての「特別法」となります。

4 強行規定と任意規定

　私人の間の法律行為については、その当事者である個人の意思や合意が最大限尊重されることが望ましいといえます。これは、法律用語で「私的自治の原則」もしくは「契約自由の原則」といわれており、個人は自由にその契

約内容を決定することができるとするものです。

　しかし、強者が弱者に対して一方的に自己に有利な契約を押し付けるようなケースもあると考えられ、また、契約の内容が社会一般の常識からして不適当と思われるものの場合にまで、当事者が合意したから有効であるとしたのでは、人は、安心して法律行為ができなくなってしまい、社会秩序も保たれません。

　そこで民法は、原則として当事者の意思を尊重しつつも、特定の法律行為などについては、それに反する合意の効力を認めないという定めを置いています。この規定が「強行規定」といわれるものです。「強行規定」に抵触する合意等は、いくら当事者が合意したとしても効力が認められません。

　強行規定の代表といえるのが、民法90条（公序良俗違反）です。

　「公の秩序又は善良の風俗に反する事項を目的とする法律行為は、無効とする」という、この規定は、当事者間で合意してなされた法律行為であっても、それが「公の秩序」または「善良の風俗」に反することを目的とする場合には無効とされ、その合意の効力が認められない、とするものです。

　この規定が適用される典型的な例として、覚せい剤の売買契約、殺人の委託契約、といったものが考えられるでしょう。これらは、売買契約、委託契約という形で合意がなされていても、公序良俗違反の行為として無効とされるわけです。

　強行規定以外の行為については、当事者の意思を優先して、当事者が法律行為の内容を自由に合意できます。

　では、当事者が特に定めていなかった事項はどうやって決まるのでしょうか。民法は、当事者が特別に合意をしていればその合意が優先するが、それらの合意をしていなかった場合に適用される規定を設けています。これが「任意規定」といわれるものです。

　例えば、機械の売買契約において、代金の支払場所をどこにするかを当事者間では特に決めていなかったとします。この場合、民法574条に「売買の目的物の引渡しと同時に代金を支払うべきときは、その引渡しの場所におい

て支払わなければならない」とありますから、代金は、機械を引き渡す場所で支払うことになります。このように、民法の中でも契約に関する部分は「任意規定」が多くなっています。

コンプライアンスに関連する法令（企業法）

企業ごと、事業ごとに、相当数の法令が関係することになります。具体的には、以下の法令を押さえましょう。

まず、国の組織や統治の基本原理を定める根本規範として、憲法があります。そして、事業活動をするにあたっては、契約や取引に関する法律、会社の運営や組織に関する法律、雇用に関する法律、公正な競争に関する法律、インターネットに関する法律、環境に関する法律などが関係します。

1 契約や取引に関する法律

どんな企業でも、取引先や消費者に対してさまざまな商品・サービスを提供し、または仕事の依頼を受け、そこから対価を得ることでビジネスを行っています。そこには、売買契約や委任契約、請負契約など各種の契約が発生しています。企業は、相手方との契約を繰り返すことなどによってビジネスを行っているのです。

契約はさまざまな権利・義務の発生・移転・消滅を伴うものですが、このような「契約」や「権利」「義務」について定めている基本法が「民法」です。前述のように、一般法である民法に加えて、さまざまな特別法があります。

消費者保護のための特別法を例にあげると、個人と事業者との売買契約では、情報の質や量、交渉力の差があるため、弱い立場に置かれた個人を守るために「消費者契約法」という特別法が制定されています。事業者の一定の行為によって消費者が誤認または困惑した場合には契約の申込みや承諾の意思表示を取り消すことができます。また、消費者の利益を不当に害する条項

は無効となるのです。

　さらに、訪問販売など一定の販売方法から消費者を保護するために、「特定商取引に関する法律」が定められていますし、製造品の欠陥などによる損害については「製造物責任法」で製造者の責任が定められています。

　このほかにも、消費者基本法、割賦販売法、消費生活用製品安全法などがあります。

② 会社の運営や組織に関する法律

　従来は、商法の中に「第2編　会社」として合名会社・合資会社・株式会社に関する規定があり、有限会社に関する規定は有限会社法に、大規模な株式会社については監査特例法にそれぞれ規定されていました。

　しかし、2005年の商法改正により、「会社法」が独立して制定され、有限会社法および監査特例法は廃止されました。これにより、新たな有限会社は設立できなくなりましたが、既存の有限会社は特例有限会社として継続することが認められ、会社法上は株式会社と同様に扱われます。

　したがって、現在は会社の設立、株式、組織運営については「会社法」が規定し、会社法上で義務付けられている商業登記手続きについては「商業登記法」が定めています。

③ 雇用に関する法律

　企業がビジネスを行うには、社員やアルバイトといった従業員を雇用することになります。従業員は、企業活動にとって欠かせない存在です。しかし、経営者（使用者）との関係では、従業員は弱い立場に置かれがちであるため、労働者を守るためのさまざまな法律が制定されています。

　労働者の生存権を保障するために労働条件の基準を定めているのが「労働基準法」です。そのほか、労働者派遣事業の適正な運営と派遣労働者の就業条件の整備を目的とする「労働者派遣法」、労働者が使用者との交渉で対等の立場に立つことを促進して労働者の地位を向上させるための「労働組合

法」、労働者と使用人間で合理的な労働条件の決定や変更が円滑に行われるようにするための「労働契約法」などがあります。

4 公正な競争に関する法律

企業活動は、自由経済社会の中で、公正かつ自由な競争のもとで行われなければなりません。「公正かつ自由な競争」を実現させるためには、どの企業にも適用される共通したルールが必要となります。

例えば、一部の企業だけが市場を独占すれば競争自体が生まれません。複数の企業が存在しても、業界の主な企業が一定の価格以下では販売しないことを約束して相互に拘束し、競争を実質的に制限（価格カルテル）したり、競争入札においてどの企業がいくらで落札するかを事前に調整（入札談合）したりすれば、結果的に競争がないことになります。そこで、こうした市場の独占や談合を禁止する法律として「独占禁止法」が制定されています。

さらに、独占禁止法で禁止される優越的地位の濫用は、下請取引において頻繁に起こるため、独占禁止法の補完法として、下請事業者に対する親事業者の不当な取扱いを規制する「下請法」が制定されています。

また、競争の仕方についても公正さを保つためには一定のルールが必要です。不当な景品付き販売や広告表示による誘引を防止するために独占禁止法の特例法として「景品表示法」（2009年9月に公正取引委員会から消費者庁に移管されたことに伴い、独占禁止法の特例法というよりも消費者保護の法律という位置付けになりました）が、他社商品との類似表示や模倣商品の販売を禁じた「不正競争防止法」、企業が保有する知的財産を保護し、他人による不正使用を禁止するものとして「特許法」「商標法」「意匠法」「著作権法」などがあります。

5 インターネットに関する法律

今ではどの企業でも当たり前となったインターネットによる情報提供やオンライン取引ですが、簡単に物を買うことができるというように便利になっ

た反面、情報漏洩などの問題も生じており、こうしたインターネット利用上の諸問題に対応するためにいくつかの法律が定められています。

　例えば、企業がデータベースなどで保有している個人情報については、その取得方法や管理方法について「個人情報保護法」によって規制されています。また、インターネット上での売買契約や電子メールによる広告配信については、消費者の誤操作による契約を無効とし、契約成立時を到達主義とする「電子契約法」、パソコンや携帯電話へのメール広告送信を規制する「特定電子メール法」、認証情報の不正入手によるハッキング行為を禁止する「不正アクセス禁止法」が制定されました。

　また、インターネット上で権利侵害があった場合にプロバイダが負う損害賠償責任の範囲と被害者による情報開示請求権を定めたのが「プロバイダ責任制限法」です。

6 環境に関する法律

　以上のような経営上や取引上のルールだけでなく、今日の企業には地域との共存や環境への配慮なども要求されます。

　例えば、生産活動から生じる公害の防止やゴミ対策、地球環境に影響する省エネルギー・地球温暖化の防止から、環境保全についての基本理念と施策の基本となる事項を定めた「環境基本法」、地球温暖化対策に関し、行政や企業の責務を明らかにした「地球温暖化対策推進法」といった基本法があります。そのほか具体的な法律として、工場排水の規制や排水による健康被害に対する事業者の責任を定めた「水質汚濁防止法」、廃棄物の排出を抑制しゴミの分別などの適正処理について定めた「廃棄物処理法」があります。

　これらの代表的な法律のほか、それらに関する政令・省令・ならびに企業が立地・活動する地域の条例などについて、関係するものを調べることが必要です。

PART

第**2**部

ビジネスコンプライアンスと
法・ルール

CHAPTER 第1章

国の組織や統治の基本原理・原則を定める根本規範

1 憲 法

1 憲法の目的と基本的原理

　憲法は、国の統治の基本を定めるものです。自由主義、民主主義という政治的理念のもとに定められた憲法の重要な目的は、国家権力を制限して個人の権利と自由を保障することにあるとされています。

　日本国憲法も、その前文で、基本的人権の尊重、国民主権、平和主義を基本的原理として宣言しています。そして、各条文において、個人に保障される各種人権規定を置いたうえで、その保障に適する国家の統治機構について定めています。

　憲法が人権として保障する権利には各種ありますが、大まかな分類として、人身の自由（憲法18条、31条）や平等権（14条1項）、選挙権（15条1項）、表現の自由（21条1項）といったもののほか、財産権（29条1項）や経済的自由（22条1項）等も保障されます。例えば、企業の営業の自由や、職業選択の自由も、経済的自由の一種として保障されています。また、労働者の労働基本権（28条）についても、憲法によって保障されています。

　憲法は、主に国の行為について適用されるものですが、その規定する内容は基本的な社会的要請といえますから、民間企業等の行動指針としても注意する必要があります。例えば、従業員の定年退職を定める就業規則等を定める際、不当に男女間で差別するようなものは、公序良俗に反するものとして

無効になる可能性があります。

　そして、基本的人権の保障に適する統治の構成原理として、国民主権のほかに権力分立や法の支配が採用されています。

　次に、統治の仕組みの概観を解説します。

2 統治の仕組み

1）国民主権（民主主義）

　「国民主権」とは、国の政治のあり方を国民自身が決定するということです。国会の構成員である国会議員は、国民の選挙によって選ばれ（憲法43条1項）、また、行政府の長である内閣総理大臣もその国会議員の中から選ばれます（67条1項）。地方においても同様に、地方自治体の議会の議員や知事・市区町村長は地方住民の選挙によって選ばれます（93条2項）。

　そして、国民の権利や自由に影響を及ぼす法律を制定することは、国民によって選出された議員からなる国会の議決によってのみ制定することができることになっています。特に、国民に課税する場合には、法律を制定しなければならず、その範囲内でしか許されません（租税法律主義。84条）。

　これを一企業のレベルでいえば、株式会社の基本的事項は、出資者である株主によって構成する株主総会が決定し、取締役等の役員が株主総会によって選任されることとされています。このように、憲法の統治の仕組みを理解することは、企業の仕組みを理解する際にも参考になります。

2）権力分立

　国民主権のもとでは、国の権力者が国民自身によって決定されますが、その権力者が権力行使を誤る可能性もあります。

　そこで憲法では、権力が1カ所に集中しすぎないように、国家の権力作用を立法・行政・司法というように分立させ、それぞれの作用を別の機関に担当させて相互の間に抑制・均衡を図ることにしています。日本国憲法上では、立法権は国会に、行政権は内閣に、司法権は裁判所に割り当て、それぞれ牽

制させています（41条、65条、76条1項）。このような仕組みは、国民の権利や自由を守るために工夫されたものです。

① 国　会

　立法権を担当する国会は、衆議院と参議院とから構成されます（42条）。このように二院制を採用することも、国会内部での権力分立の効果があると考えることができます。

② 内　閣

　内閣は行政権を担当し、法律を適用・執行します。各行政官庁は、内閣の指揮・監督下で活動をします。各監督事項について、法令に違反する企業があった場合には、監督官庁はその企業に対し行政処分を行うことがあります。

　なお、行政部の中に、独立行政委員会という組織がありますが（公正取引委員会など）、その取り扱う職務の性質上、他の行政部よりも独立性が認められています。

　また、検察庁も、刑罰法規の適用・執行を担当するのですから行政部に属しますが、司法にもかかわるという性質上、一定の独立性を持った活動をしています。

③ 裁判所

　最高裁判所以下の裁判所は、司法権を担当します。法の適用を担当する点では行政府と共通する面もありますが、法解釈の最終的な権限を持つ点で異なります。法の意味内容・解釈が不明確な場合には、裁判所が最終的な解釈を示します。

以上が、国政における権力分立ですが、地方自治について定める日本国憲法は、中央の国と地方との間でも、権力分立を図ろうとしていると考えることが可能です。

④ 地方自治体

　地方自治は、地方のことは地方住民自身が決定できるようにするという

ものです。地方自治体は地方議会と首長（都道府県知事や市区町村長）によって構成されます（この点では、地方においても権力が分立されています）。地方自治体は、地方住民によって選出された議員や知事などによって構成されているのですから、法律の範囲内で条例を定めることが認められます。したがって、企業活動においては、国の機関が定める法令だけでなく、各地方の条例に規制がないかについて注意する必要もあります。

　一企業のレベルでいえば、株主総会によって選出された取締役のみによってすべてを決定・遂行することにせず、取締役会や監査役会、各種委員会等を設置する場合にも、権力分立の考え方が参考になります。

3）法の支配

　これは、たとえ民主主義が採用されているといっても、代表者が勝手気ままに権力行使をしてはならないといった建前です。権力は、法の範囲内で行使されなければなりません。行政権の行使は法律に従うものでなければならず、国会の立法は最高法規である憲法に違反することはできません。

3 裁判制度

　裁判所は、法の支配を実現するうえで、重要な役割を担っています。裁判所が違憲立法審査権（81条）を持っていることは、この法の支配の考えによります。国会の定めた法律が憲法に違反する場合には、その法律について違憲無効の判断をしてしまうことも可能です。

　国民には裁判所による裁判を受ける権利が認められ、裁判を受けることなく刑罰等を受けない権利が認められています。これも、「法の支配」の考えに基づくものといえます。

　特に刑事事件の場合、国民の権利や自由に対する影響が大きいため、憲法上も各種規定が置かれています（31条以下）。黙秘権や令状主義の原則などが定められています。

捜査機関は、不当に自白を強要してはならず、原則として、裁判所の発する令状がない限り、逮捕や捜索を行うことができません。

CHAPTER 第2章

事業活動における
コンプライアンス

---

1 民　法

---

1 民法の趣旨と目的

　民法は、国が国民に対して刑罰を科す刑法のような法律とは違い、国とは離れて人と人との間の関係を規律する法律です。

　人と人との間の関係を規律する法律は、商法や借地借家法などいろいろなものがあり、まずは商法や借地借家法などの「特別法」が適用され、その後「一般法」である民法が適用されます。

　民法は、全部で1000条を超す大きな法律ですが、次の4つの部分から構成されています。

・総　則——権利の主体となる「者」や権利の客体となる「物」のほか、権利の取得、喪失に関する基本的なルールを定めています。

・物　権——「所有権」など、物を直接支配して使用・収益・処分することができる具体的権利（物権）について規定しています。

・債　権——人に対して一定の行為（例えば、お金を支払う行為、家を使用させる行為）を要求する権利を「債権」といいますが、「債権」およびその裏返しである「債務」の発生、変更、消滅をもたらす契約全般に対する基本ルールや、具体的な契約形態として典型契約を定めているほか、契約によらない債権・債務関係についても定めています。

　　　　　　　2017年5月26日に成立した改正民法では、債権に関する見直しが行われ、2020年4月1日から施行されています。本書の内容は、2022年4月1日時点で施行されている内容であり、改正内容については、法務省のホームページなどで確認する必要があります。

・親族・相続——親族・家族の法律関係について規定しています。

　　　　　　　2018年6月13日に成立した改正民法では、成年年齢関係の見直しが行われ、2022年4月1日から施行されます。また、2018年7月6日に成立した改正民法では相続に関する見直しが行われ、2019年1月13日から順次施行されています。本書の内容は、2022年4月1日時点で施行されている内容であり、改正内容については、法務省のホームページなどで確認する必要があります。

２ 契約について

　企業が事業を営むときには、さまざまな者を相手としてさまざまな契約を結びます。「契約」とは、「2人以上の当事者の意思表示の合致によって成立する法律行為」のことをいいます。ある者が申込みの意思表示をし、相手方がこれに承諾の意思表示をし、意思表示が合致することによって、契約が成立します。

　例えば、企業が事業を営むうえで不動産を借りるときには、不動産の所有者との間で賃貸借契約を結びますし、人を雇うときには、労働者との間で雇用契約を結びます。また、企業が物を買うときには、取引先との間で売買契約を結びます。

　このように、企業が営業活動を行ううえで、契約は切っても切れない関係にあります。

　民法には上記の賃貸借契約、雇用契約、売買契約をはじめとして、13種類の契約が規定されています。

個人も企業も、原則として「誰と契約するか」「どのような契約内容にするか」、そもそも「契約をするか否か」という点について自由に決められるという「契約自由の原則（私的自治の原則）」に基づいて行動していますが、社会が円滑に回るように最低限度のルールづくりは必要です。民法は、以下のルールを定めています。

１）権利能力と行為能力

　「権利能力」とは、「権利や義務の主体となりうる能力」、つまり契約等の効力を受けることができる能力のことをいいます。

　私たち自然人は、出生すると同時に権利能力を取得し（民法３条）、生存中は誰でも等しく権利能力を有することになります（権利能力平等の原則）。また、企業などの法人も、その成立から解散に至るまでの存続期間中、法令や設立目的の範囲内において、自然人と同様に権利能力（法人格）を有します（民法34条）。

　一方、「行為能力」とは、「法律行為を単独でなしうる能力」のことで、前述の「権利能力」とは必ずしも一致するものではありません。例えば、意思能力や判断能力が完全ではない未成年者や成年被後見人（家庭裁判所で後見開始の審判を受けた者）（民法８条）など一定の者には、権利能力はあるものの行為能力はないとされ、民法では「制限行為能力者」として、その保護を目的とする規定を置いています（民法５条〜19条）。

　具体的には、制限行為能力者は法定代理人や保護者の同意を得て、または法定代理人や保護者が本人を代理してのみ契約などの法律行為ができ、制限行為能力者がそれらの同意を得ずに単独で行った法律行為は、その行為をした制限行為能力者またはその法定代理人・保護者から取り消すことができる旨を規定しています。

　企業が、未成年者など制限行為能力者と契約をする場合は、上記の法定代理人や保護者の同意を受けているか確認し（成年被後見人を除きます）、または直接法定代理人を相手方として契約しないと取り消される場合があります。

ここで「代理」というものについて説明すると、「法定代理」とは、親権者が未成年者（本人）の代理人となったり、成年後見人が成年被後見人（本人）の代理人となったりするように、本人の意思にかかわりなく法律上当然に代理権が発生する代理の関係のことをいいます。

　代理には任意代理もあり、任意代理は、例えば、ある者が弁護士等の専門家を雇い、専門家がその者の代理をする場合など、本人が他人に代理権を授与することで代理権が発生する代理の関係のことをいいます。

　代理人が代理権限の範囲内で有効に代理行為を行ったときは、本人に対して効力を生じるのが原則です（民法99条）。したがって、本人が代理人に代理権を付与していない事項に関して、代理人が代理行為を行った場合（代理人の権限のない代理のことを「無権代理」といいます）に、本人が後で、無権代理人の行為の効果を帰属させる追認行為を行った場合は、本人に効果が帰属しますが、そうでない場合は、本人に対して効果が帰属しません（民法113条）。

　しかし、代理人に代理権があると信じて行動した相手方の保護に欠けますので、民法は、例外として、代理人に代理権があるという外観を信じた相手方を保護して、本人に契約の効果を帰属させる「表見代理」という規定を3つ定めています。

① 本人が代理人に代理権を与えていないのに、与えたかのように表示した場合（代理権授与の表示による表見代理。民法109条）
② 本人が代理人に与えた代理権の範囲を超えて代理人が行為を行った場合（代理権の権限外の行為による表見代理。民法110条）
③ 代理人の代理権がすでに消滅した後に、代理人が代理行為を行った場合（代理権消滅後の表見代理。民法112条）

2）意思表示

　契約が有効になるためには、当事者による「申込み」や「承諾」といった意思表示が、本心に基づく有効なものである必要があります。しかし、相手

方の意思表示が本心に基づくものか否かを判断することは容易ではありませんから、民法では、次の一定の意思表示を問題のある意思表示と規定して、その契約を意思表示した人が「無効」としたり「取り消すことができる」と規定しています。

① 心裡留保（93条）………意思表示をした人が、真意ではない意思表示をしても、その意思表示は有効です。しかし、相手方が真意ではないことを知り（これを「悪意」といいます）、または知ることができたとき（有過失）は、その意思表示は無効とされます。

② 虚偽表示（94条）………相手方と通じて、当事者間でなされた虚偽の意思表示は、無効です。しかし、この意思表示の無効は、その事情を知らない（これを「善意」といいます）第三者に対抗することはできません。

③ 錯　誤（95条）………意思表示は、意思表示に対応する意思を欠く錯誤または表意者が法律行為の基礎とした事情についてのその認識が真実に反する錯誤に基づくものであって、その錯誤が法律行為の目的および取引上の社会通念に照らして重要なものであるときは、取り消すことができます。ただし、意思表示をした人に重大な過失があったときは、取り消すことができません。

④ 詐欺・強迫（96条）……相手方の詐欺または強迫による意思表示は、取り消すことができます。しかし、詐欺による意思表示の取消しは、善意の第三者に対抗することはできません。

上記のような意思表示の有効性に加えて、契約の有効性を判断するうえでは、次の4つの要件が必要であるといわれています。

・確定性……………契約内容が確定していること
・実現可能性………実現可能な内容であること
・適法性……………適法な内容であること（公序良俗や強行法規に反しないこと）
・社会的妥当性……社会的に見て不当ではないこと

3 注意すべき民法上の効果

　以下の場合、当事者に生じ得る法的効果について、順番に見ていきましょう。

1）無効・取消し

　前記の契約の有効要件がどれか1つでも欠けたときには、契約は無効ですし、心裡留保で相手方が悪意の場合や虚偽の意思表示に基づく場合にも無効となります。無効の場合、当初から契約の効力は生じません。

　また、未成年者等との間の契約、錯誤に基づく契約や詐欺・強迫によって締結された契約は、取消しの対象になります。取消しの場合、いったんは成立した契約が、取消権者の一方的意思表示により、原則として契約当初にさかのぼって無効となります。

2）履行の強制

　債務者が、任意に契約内容に従った履行を行わない場合には、履行目的ごとに、次のいずれかの形態による履行の強制を裁判所に求めることができます（414条）。なお、間接強制は、直接的には民事執行法上に根拠があります（民事執行法172条）。

　① **直接強制**

　　支払いや給付といった、契約内容どおりの履行を強制する方法です。債務の性質が直接強制を許さない場合には、以下の間接強制等によることになります。

　② **間接強制**

　　債務者自身による履行が必要な債務の場合に、債務を履行しなければ一定の金銭支払いを命じる等、心理的強制を与えて履行を強制する方法です。

　③ **代替執行**

　　債務者以外の第三者に履行をさせ、費用を債務者から取り立てる方法です。この代替執行が可能な場合には、間接強制はできません。

3）債務不履行責任

債務者の故意または過失（帰責事由）によって、履行がなされない場合には、次の各形態別に、債権者には契約解除権と損害賠償請求権が認められます（民法412条、415条、541条、542条）。

損害賠償は、原則として金銭賠償によって、通常予測される損害（相当因果関係）の範囲で賠償が認められますが、この賠償予定額は、当事者が事前に定めておくこともできます（416条、417条、420条）。

なお、債権者にも故意・過失がある場合には、損害賠償額について、裁判所によって「過失相殺」（損害賠償の額を定めるにあたって、債権者の過失を考慮すること）がなされます（418条）。

債務不履行の形態としては以下のものがあります。

①　履行遅滞

定期行為（その履行期限に遅れて履行されたのでは債権者にとって契約の目的を達することができない種類の契約）の履行遅滞を除いて、債権者は原則として、いったん債務者に履行を催告し、催告後なお履行がなされない場合に契約解除権が生じます。

また、契約を解除するか否かにかかわらず、債権者は、損害賠償を請求することができます。

②　不完全履行

追完が可能な場合（債務者が改めて契約不適合のない給付をすれば、債権者がその債権の目的を達することができる場合）には、原則として履行遅滞と同様にいったん催告をすることが必要で、なお追完されない場合に債権者は契約解除をすることができます。また、追完の有無や契約を解除するか否かにかかわらず損害賠償を請求することができます。

③　履行不能

契約の成立時点で、債務の履行が契約その他の債務の発生原因および取引上の社会通念に照らして不能であった場合、債権者は、直ちに契約の解除および損害賠償を請求することができます。また、債務者の履行遅滞中

に双方に帰責事由なく履行不能となった場合、債務者に帰責事由のある履行不能となり（413条の2第1項）、債権者は、同様に直ちに契約の解除および損害賠償を請求することができます。

4）危険負担

契約成立後、天災や第三者による障害などが原因で、当事者に帰責事由なく債務を履行することができなくなった場合に、債権者と債務者のどちらが危険を負担するかという問題を「危険負担」といいます。

この危険負担は、あらかじめ契約時に定めておくことが望ましいものですが、定められていない場合には、次の民法の規定によることとなります。

① 債務者主義の原則（536条）

債権者は、債務者から債務の履行を受けられない代わりに、反対給付の履行を拒むことができます。なお、契約の目的物の引渡し後、当事者に帰責事由なく目的物の滅失等が生じた場合は、債権者（買主）は、滅失等を理由に代金の支払を拒絶することはできません（567条1項後段）。

5）売主の担保責任

売買契約において売主には代金に見合う商品を提供しなければならないという観点から、たとえ自己に過失がなくても、担保責任が生じます（561条〜570条）。なお、これらの担保責任の規定は、他の有償契約における目的物においても準用されます（559条）。

担保責任の具体例としては、後述する契約不適合責任があります。

6）不法行為責任

「不法行為」とは、故意または過失により相手方に損害を与える行為をいい、不法行為をした加害者には、相手方（被害者）に対する損害賠償責任が生じます（709条）。

また、不法行為とは、広く他人の権利または法律上保護すべき利益に対す

る侵害行為を含むため、財産権を侵害した場合に限らず、他人の身体、自由もしくは名誉を侵害した場合にも、損害賠償責任が生じます（710条）。

この損害賠償の方法は、金銭賠償を原則としますが、被害者側にも過失がある場合には、裁判所の裁量により、損害賠償額について過失相殺がされる場合があります（722条、418条）。

加えて、名誉毀損については、裁判所は、被害者の名誉回復のための適当な措置（例えば、謝罪広告）を命じることができます（723条）。

なお、不法行為責任を負うには、加害者側に「責任能力（13歳程度）」があることを要するため、責任無能力者の行為については、その親権者などの法定の監督義務を負う者が被害者に責任を負うことになります（712条～714条）。

さらに、特殊な不法行為責任として、民法上4つの類型が規定されています（715条、716条、717条、719条）。その中で、企業が特に注意しておくとよいのが、使用者責任（715条）です。

使用者責任とは、従業員など被用者が、業務上で不法行為を行った場合には、会社など使用者や監督者も被害者に対し責任を負うことをいいます。この場合、損害賠償した会社や監督者は、不法行為をした被用者に対して求償することができます。

4 具体的な契約類型

以下、2に引き続き、契約の外観を見た後、ビジネスに密接にかかわる契約を具体的に見ていきましょう。

1）概　要

民法では、その目的ごとに13種類の典型契約を規定しています。しかし、民法はこれ以外の契約形態を認めないというのではなく、契約の有効要件を満たす限り、契約自由の原則によって、これら典型契約中の契約を組み合わせて用いたり、当事者において独自の契約内容を定めたりすることもできま

す。

　契約のうち、書面によらない消費貸借契約は、申込みと承諾という当事者の意思表示の合致に加えて目的物の引渡しを必要とする「要物契約」と呼ばれる契約類型ですが、それ以外の契約は、いずれも「申込み」と「承諾」という意思表示の合致のみで成立する「諾成契約」です。

　契約が成立すると、当事者間に債権・債務関係が生じ、契約の拘束力により、前述した無効原因や取消原因がある場合を除いて、当事者の一方が、勝手に契約内容を変更したり契約解除をしたりすることができなくなります（合意による変更や解除は可能です）。

　さらに、契約成立の効果として、目的物の所有権が相手方に移転するなど、契約目的とされた物権（物を直接に支配できる排他的な権利）その他の財産権が移転・発生する場合があります。

2）契約終了と時効

　契約は、債務者によって契約内容に従った履行がなされることによって目的を果たし、終了することになります。

　債権の消滅原因としては、本来の履行を意味する金銭の支払いや物の給付を示す弁済のほかにも代物弁済（弁済者と債権者の合意のうえ、本来の弁済に代えて他の物を給付すること）（482条）や相殺（当事者が、互いに金銭債権など同種の目的を有する債務を負担している場合に、一方からの意思表示によって対当額にて互いの債務を消滅させること）（505条）などさまざまな方法があり、いずれの場合にも契約が終了することになります。

　このほか、債権は、その権利行使ができるときから10年間（権利を行使することができることを知ったときから5年間）行使しないときは、時効消滅すると規定されています（166条）。

　時効の制度によって債権を消滅させたくない場合には、時効の完成を阻止するために時効の更新措置や完成猶予措置をとる必要があります。時効の完成猶予措置には、条文上、「裁判上の請求」（147条1項1号）、「仮差押え」

又は「仮処分」（149条）、「協議を行う旨の合意」（151条）などが定められています。

3）具体的な契約類型

契約は、上述してきたように、当事者の口頭による申込みと承諾（要物契約の場合ではさらに目的物の引渡しが加わります）のみで有効に成立しますが、ビジネス上の契約場面においては、後日言った言わないといったトラブルにならないように、また、訴訟など紛争時の証拠として、契約書を作成し、交換しておくとよいでしょう。

以下、典型契約のうち、特にビジネスにかかわるものとして、「売買契約」のほか、融資など金銭借入時の「（金銭）消費貸借契約」、事務機器のリース・レンタルといった「賃貸借契約」、仕事を受注し、または依頼する場面で用いられる「請負契約」について見ていきましょう。

① 売買契約（民法555条）

売買契約とは、当事者の一方が、ある財産権を相手方に移転し相手方がこれに対して代金を支払う契約です。売買契約のように、当事者が相互に財物の給付と代金の支払いといった財産的（有償）な債務を負担する契約を有償双務契約といいますが、売買契約に関する規定は、他の有償契約（利息や賃料、報酬を伴う契約）にも準用されます（559条）。

売買契約については、契約自由の原則を優先して民法上はあまり細かい規定はありません。しかし、特に以下の契約不適合責任の規定に注意する必要があるほか、売買目的物や販売方法によっては、業種ごとの業務法令や民法の特別法にも留意する必要があります。なお、売買契約においては、特約のない限り、目的物の引渡しと代金の支払いは同時履行の関係にあります。

以下、売買契約に関する重要な規定である契約不適合責任について事例を見てみましょう。

＜事例－１＞

> W社は編物製品を製作する会社であり、ＡはＷ社の代表取締役である。Ａは、多様な編み方を自動的に切り替えて作動するＸ社販売の編機を気に入り、Ｗ社の代表者として、Ｘ社との間で、同編機の売買契約を締結した。
>
> Ａは同編機を購入する前、Ｘ社の工場に出向き、購入予定の編機の作動状況を20分間ほど見学したが、購入予定の編機の諸般の編み方の組み合わせや出来具合を確認・点検することはできなかった。
>
> 購入後、Ｗ社において同編機を作動させた際、同編機は２通りの編み方を行うことは可能であったが、欠陥により多様な編み方を自動的に切り替えて作動することはできなかった。

売買契約においては、民法上、売主に契約不適合責任（562条、563条）を追及できる旨が定められています。具体的には、売買の目的物が種類、品質又は数量に関して契約の内容に適合しないものであるときは、買主は、原則として、その不適合を知ったときから１年以内にその旨を通知することによって、売主に対し、目的物の修補、代替物の引渡し、不足分の引渡しによる履行の追完又は代金の減額を請求することができるほか、損害賠償の請求や契約自体を解除することができます。

この事例の場合、編機の品質が契約の内容に適合しないものだったか否かが問題になります。つまり、Ｘ社とＷ社との間の売買契約において、売買契約の対象となった「編機」の品質が、「２通りの編み方のみではなく、それ以上の多様な編み方を自動的に切り替えて作動するという品質を備えるものであること」について、Ｘ社とＷ社間で合意をしていたかどうかが問題になります。このような合意があったか否かについては、契約書の記載だけから当事者間の合意内容を確定するのが難しい場合には、事前交渉の経緯や契約の趣旨等の諸事情を考慮して、当事者間の合意内容を探っていくことに

なります。

　なお、この事例では、代表取締役 A が編機の作動状況を確認していますが、契約不適合責任において重要なのは「契約において当事者間で合意された品質は何だったのか」ということであり、買主の善意無過失は問題とはなりません。例えば、仮に代表取締役 A が、購入予定の編機の品質が合意された内容より不十分であることを、事前の調査で知っていたとしても、実際に合意した品質の編機が引き渡されていなければ、合意した性質の編機を請求することができるということになります。

　よって、W 社としては、売買契約の対象となった「編機」の品質が、「2 通りの編み方のみではなく、それ以上の多様な編み方を自動的に切り替えて作動するという品質を備えるものであること」といえる場合には、X 社に対して、目的物の修補等による履行の追完又は代金の減額を請求することができるほか、損害賠償の請求や契約自体を解除することができます。

　なお、責任追及の期間ですが、商人間の売買では、直ちに発見できない瑕疵を 6 カ月以内に発見し、直ちに売主に通知しなければ、契約不適合責任を追及できないとされています（商法526条 2 項）。

　② **消費貸借契約**（民法587条）

　　企業が、銀行から融資を受けたり、他人に金銭を貸し付けたりする場合には、金銭消費貸借契約が用いられます。

　　消費貸借契約は、書面でする場合（587条の 2 ）を除いて、当事者の申込みと承諾の意思表示のみでは成立せず、加えて金銭その他の目的物の引渡しを必要とします（要物契約）。

　　民法の規定によれば、金銭消費貸借契約においては、特約がなければ利息は付きませんが、企業間の契約においては、商法の規定により当然に利息付きとなります（商法513条）。

　　契約時には、返済期限を定めるのが通常ですが、この期限を定めなかったときには、借主はいつでも返還することができますが、貸主は、直ちに返還を求めることができず、相当の期限を定めて返還を催促することを要

します（民法591条）。

　また、特に金銭消費貸借契約においては、万一返済されない場合に備えて、借主の財産上に抵当権（民法369条）など担保物権を設定したり、人的担保として保証人（民法446条）を付したりする必要がありますが、そのためには、金銭消費貸借契約とは別に、抵当権設定契約や保証契約を必要とします。

③　**賃貸借契約**（民法601条）

　事務機器のレンタルやリース契約など、企業においてもさまざまな賃貸借契約をベースとした契約が結ばれます。賃貸借契約は、売買契約と同様に諾成契約であり、消費貸借契約とは異なり、目的物の引渡しは契約の成立要件ではありません。

　民法の賃貸借契約の規定としては、重要なものとして、貸主・借主の義務（民法606条、615条）をはじめ、譲渡・転貸（612条）等について定めていますが、建物所有目的の土地賃貸借（または地上権）や建物の賃貸借については、主に民法の特別法である「借地借家法」が適用されます。建物の賃貸借で問題になるものとして、敷金の事例を見てみましょう。

＜事例－２＞

> 　Bは事業を営むために、C所有の建物を3年間借りる賃貸借契約をCとの間で締結した。その際、BはCの求めに応じ、敷金として家賃の5カ月分を差し入れた。Bは、賃貸借契約の終了にあたって、Cに敷金を返還するよう求めたが、Cは応じようとしない。

　敷金とは、いかなる名目によるかを問わず、賃料債務その他の賃貸借に基づいて生ずる賃借人の賃貸人に対する金銭の給付を目的とする債務を担保する目的で、賃借人が賃貸人に交付する金銭をいいます（622条の2）。

　この事例の場合、Bは、賃借物をCに明け渡した後にはじめて敷金の返還

請求をすることができますから、単に賃貸借契約が終了したことをもって、返還請求をすることはできません。敷金というのは、賃借人の明け渡しまでに生じる損害賠償債務の一切を担保する性質を有していますので、明け渡してはじめて敷金返還の額が定まることになります。

なお、敷金と似た概念として「権利金」というものがあります。

権利金は、賃貸借契約に際して、賃借人から賃貸人に交付される金員という点では、敷金と同じですが、多種多様な意味合いを持つものであり、賃料前払いの意味合いや場所的利益の対価（地理的に有利な場所を借りられる利益）や譲渡性の対価として、賃借人から賃貸人に交付されることがあります。権利金は、敷金とは異なり、賃貸借契約が予定どおり終了する場合には、原則として返還されない形態の金銭といえます。一方で、「権利金」という名目で、差し入れられた場合であっても、差し入れの目的等から「敷金」に該当する場合もあります。

④　**請負契約**（民法632条）

請負契約は、売買契約と並んで企業において最も利用される契約形態の1つです。工事や製作の発注のほか、一定期間に一定の業務を依頼する場合に結ばれる「業務委託契約」なども、この請負契約の要素を含むことがあります。

民法の請負契約の規定には、重要なものとして報酬支払時期に関する規定（民法633条）や担保責任に関する規定（636条）があります。

担保責任に関する事例として次の事例を見てみましょう。

＜事例－３＞

> Ｙ社はＺ社に対してある製品の製造を依頼し、ＹＺ間で請負契約を締結した。数カ月後、Ｙ社はＺ社から製品の引渡しを受けたが、その製品は部分的に修理を必要とするような状態であった。

請負契約の場合、注文主は請負人に対して担保責任として次のような責任を追及することができます。

　具体的には、請負人の製造した物に契約不適合があるときは、注文主は請負人に対して、目的物の修補、代替物の引渡しや代金の減額を請求したり、損害賠償請求をすることができます。

　この事例では、Ｙ社はＺ社に対して、製品の契約不適合のある部分について、修補をさせることができます。Ｙ社としては、Ｚ社に対し修補とともに損害賠償請求をすることもできますし、修補請求せずに、損害賠償請求のみをすることもできます。

5 典型契約以外の契約

　ビジネスの世界では、その目的に合わせて、典型契約を修正したり、組み合わせたり、または新たな契約形態を策定して契約を結んでいます。

　典型契約以外の契約といっても、その内容については、複数の典型契約に関する規定を横断的に利用したり、民法の規定に依拠して考案されたりした契約形態が多く見られます。なお、これらの契約内容は、民法や他の特別法の強行規定（公の秩序に関する規定）に違反することはできません。

　ここでは、具体的な契約例として、「業務委託契約」「リース契約」および「秘密保持契約」を紹介します。

1）業務委託契約

　会社が、一定範囲の業務について、包括的に業務を委託する契約形態です。他の会社に委託する場合のほか、外部の個人との間で、雇用契約ではなく、この契約を結ぶケースも見られます。一定範囲の業務ですから、何か仕事の成果物・完成を伴う場合には請負契約的な要素を含み、また、その範囲で契約締結権や代理権といった法律・事実行為を依頼する場合には、委任契約的な要素も含みます。契約に際しては、請負契約や委任契約の規定に依拠しつつも、業務の範囲や受託者の権限と義務、契約期間や終了事由、報酬額や支

払時期、損害賠償の範囲などについて明確に定める必要があります。

２）リース契約

利用者と販売会社とが製品について検討し、その製品を利用者から依頼を受けたリース会社が購入し、これを一定期間利用者に賃貸する契約形態です。民法の売買契約や賃貸借契約的な要素を含みますが、利用者の契約先はあくまでもリース会社であり、通常は、製品について販売会社が利用者に直接責任を負うことはなく、利用者がリース契約を中途解約することもできません（この場合、通常は買取りとなります）。

したがって、販売会社の説明や製品に対する責任をリース会社に主張することはできませんから、契約に際しては、リース料や契約期間はもちろん、保守・点検やその料金負担も含めてリース契約内容を明確に定める必要があります。

３）秘密保持契約

新規プロジェクト準備時や新商品開発時など、正式な契約を行う前段階の交渉過程、または契約成立後において、当事者が知り得た相手方の業務上の秘密を外部に漏らさない旨の契約です。

業務委託契約など正式な契約を締結する際には、契約条項として秘密保持条項を加えることがほとんどですが、正式契約の前段階の交渉過程においても、一般に重要な企業情報が相手方に伝わることになるため、正式契約に先駆けて、まずは秘密保持契約を結んでおくことも大切です。

秘密保持契約や秘密保持条項においては、その対象事項や対象者の範囲はもちろん、契約終了後も存続するといった秘密保持期間や、万一漏洩された場合の責任についても明確にしておく必要があります。

会社法

1 会社法の趣旨と目的

　経済活動を行うためには、一般的に個人で行うよりも会社を設立したほうが合理的です。なぜなら、個人ではその能力、資金等がおおよそ限定されますが、多数の人が出資をし、かつ社員も含めて大勢の人が協力し合って事業を行うほうが大規模な事業展開ができ、また利益を多く得ることも可能になるからです。このようにして事業を行う主体が会社であり、この会社の設立、組織、運営および管理に関する基本法が、会社法です。

　会社法は、事業の主体である会社を対象とするもので、大規模または上場している会社のみならず、中小企業も対象としています。特に大規模または上場している会社の場合、会社を保有している株主と、実際に経営を担当している取締役とが別人である場合が多く（所有と経営の分離）、後者が前者の意図しない取引を行うことを防ぐことが会社法の主な目的の1つになっています。一方、中小企業の場合は、所有と経営は一致していますが（企業のオーナーが経営を行っていることが多い）、そのような企業の場合、オーナーが、その他の株主の利益を犠牲にして自身の利益のみを追求することがないように、少数株主を保護することも目的となっています。

　なお、2021年3月1日から施行された改正法では、株主に対する株主総会資料の提供方法、取締役の報酬、役員等の責任を追及する訴えが提起された場合等に会社が費用・賠償金を補償すること（会社補償）に関する規定等が改正・新設されており、株主総会の運営や取締役の職務の執行の適正化が図られています。

2 会社法の基本的な内容

　会社法は、会社の設立、組織、運営および管理を定めていますが、その中

で一番重要なのが株式会社に関する定めです。そこで、以下株式会社を中心として、①会社の種類、②株式会社の設立、③株式および株主の権利、④株式会社の機関、⑤資金調達、⑥M＆Aについて説明します。

1）会社の種類

会社法が規定する会社の種類には、株式会社、合名会社、合資会社または合同会社の4種類があります（会社法2条1号）。合名会社、合資会社、合同会社は持分会社といって（575条1項）、株式会社とは区別されます。具体的には、持分会社の経営は社員（従業員ではなく出資者）自身が行い（590条1項）、持分の譲渡も原則として、他の社員全員の同意が必要となります（585条1項）。一方、株式会社は、経営は株主ではなく取締役が行い（348条1項）、持分である株式の譲渡も原則として自由です（127条）。

また、各持分会社は、その社員が負う責任によって差があります。合名会社の社員は全員が無限責任社員であり（576条2項）、合同会社の社員は全員が有限責任社員であり（576条4項）、合資会社は社員が無限責任社員と有限責任社員の両方で構成されます（576条3項）。ここでいう無限責任社員とは、社員が会社への出資価額（持分の引受価額）を超えて会社の債務全額を負担する社員を意味し、有限責任社員とは社員が会社への出資価額（持分の引受価額）を限度として会社の債務を負担する社員を意味します。

一方、株式会社の株主については、その責任は株式の引受価額を限度とする、つまり有限責任のみ負担します（104条）。このように株主が有限責任のみを負担するのは、責任を限定することによって、リスクを限定し、会社に出資をしやすくするためです。

なお、有限会社は会社法施行により廃止されたため、会社法施行後は新たに設立できず、今までに設立した有限会社のみが特例有限会社として存続します（会社法の施行に伴う関係法律の整備等に関する法律2条1項）。この存続する有限会社は株式会社として存続するものの（2条1項）、持分の譲渡が制限され（9条）、取締役の任期に制限なく（18条）、計算書類の公告が

義務付けられない（28条）等、従来の有限会社とほぼ同じ取扱いを受けます。

２）株式会社の設立

　会社の設立方法には、発起人が株式を全部引き受ける「発起設立」と発起人が株式を一部引き受けたうえ、残部を引き受ける者を募集する「募集設立」があります（会社法25条1項）。実際上前者のほうが簡便なため、実務では前者が多いとされています。

　設立のための具体的な流れは、大きくとらえて、

①　定款の作成（26条）

②　株式を引き受ける株主の確定（32条、60条）

③　役員等機関の選任（38条、47条、88条）

④　設立の登記（49条）

という順番で進みます。

　会社法施行後の会社の設立は、次のような特徴を持っています。

①　払込・引受担保責任の廃止（定款記載の出資額を満たせば、一部の発起人が出資をしなくても会社の設立は可能）

②　最低資本金制度の廃止（資本金がゼロ円でも会社の設立が可能）

③　発起設立における払込保管証明書制度の廃止（発起設立の場合、設立登記の申請書に添付する書面は、払込保管証明書である必要はなく、預金通帳の写し等で足りる）

　なお、株式の発行にかかる払込みを仮装するために預合い（例えば、発起人が払込取扱機関である銀行から株式の払込みに充てる金銭を借りたうえで実際に払い込んだが、この借入金を返済するまで、払い込んだ金銭を引き出さないとの約束を銀行との間で行う等、発起人が払込取扱機関の役職員と通謀して出資にかかる金銭の払込みを仮装する行為）をした者は5年以下の懲役もしくは500万円以下の罰金、または併科となります（965条）。

3）株式および株主の権利

株式の定義は、会社法上、規定がありませんが、一般的には、株式会社の構成員としての地位を均一で細分化された割合的単位としたものとされています。

このように、株式は社員たる地位としての性格を有するので、株主の株式会社に対する権利を含むことになります。この権利の区分として、自益権と共益権があります。

まず、「自益権」とは株主が会社から直接的に経済的利益を得る権利であり、剰余金配当請求権（453条）、残余財産分配請求権（504条）がその代表例です。一方、「共益権」とは会社の経営に参加する権利（実際に会社を経営する取締役等を監督是正する権利を含みます）であり、株主総会における議決権（308条）、取締役の行為の差止請求権（360条）、株主代表訴訟提起権（847条）、役員の解任請求権（854条）がその代表例です。また、「共益権」はさらに、単独株主権と少数株主権に区分されます。単独株主権は株式（単元未満株式を除く）を有していれば行使可能な権利（株主総会議事録の閲覧・謄写請求権（318条4項）等）であり、少数株主権は一定の議決権数、総議決権の一定割合、または発行済株式の一定割合を有している株主のみが行使可能な権利（会計帳簿閲覧請求権（433条）等）です。

自益権	株主が自ら経済的利益を得る権利	剰余金配当請求権（453条） 残余財産分配請求権（504条） など
共益権	会社の経営に参加する権利	株主総会における議決権（308条） 取締役の行為の差止請求権（360条） 株主代表訴訟提起権（847条） 役員の解任請求権（854条） など

会社法上、原則として、株式に係る株券を発行することはできず（214条）、また、原則として、株式は自由に譲渡ができるので（127条）、誰が株主であ

るかは株主名簿で管理されます。もっとも、株式譲渡は原則として自由ですが、会社が当該会社の発行済み株式（自己株式）を自由に取得できるとさまざまな弊害（会社の財産が流出するので会社の債権者を害する、会社が株式を取得すれば総株式数が減るので多数派工作に利用できる、インサイダー取引が可能等）があるため、会社が自己株式を取得する場合、原則として株主総会で自己株式の取得について決議する義務（156条1項）、株主に対して通知をする義務（158条1項）等の手続的制限と、株主に対して交付する金銭等の帳簿価額の総額が分配可能額を超えてはならない（461条）等の財源的制限の双方を遵守する必要があります。

なお、株主総会を平穏に進行させ、余計な質疑等を避けるために取締役や会社の従業員が特定の株主に対して金品等の供与を行った場合は、「株主等の権利行使に関する利益供与の罪」により、3年以下の懲役または300万円以下の罰金が科せられます（970条）。さらに、株主総会で経営者に有利な発言や議決権の行使をするなど具体的な権利行使を頼まれて利益を受け、また利益を受ける要求や約束をした株主も、株主等の権利行使に関する収賄罪に問われて、5年以下の懲役または500万円以下の罰金が科せられます（968条）。

4）株式会社の機関

株式会社は、株主総会と取締役のみを必要的設置機関としています（295条1項、326条1項）。ただし、取締役会設置会社は監査役、監査等委員会または指名委員会等の設置が（327条2項）、公開会社（会社の株式が一部でも自由に譲渡可能な会社）は、取締役会の設置が（327条1項）、公開会社かつ大会社（資本金が5億円以上または負債が200億円以上の会社）は監査役会および会計監査人、または、監査等委員会もしくは指名委員会等の設置（328条）が必要とされています。

以下、「株主総会」「取締役」「取締役会」「監査役」「委員会」という主要な機関について説明します。

① 株主総会

「株主総会」は、株主による会社の意思決定機関ですが、所有と経営が分離している取締役会設置会社においては法定事項および定款で定めた事項のみを決議でき、そうでない会社は一切の事項について決議できます（295条）。株主総会は事業年度の終了後一定の時期に招集されますが（定時株主総会。296条1項）、それ以外にも招集が可能で（臨時株主総会。296条2項）、株主によっても招集可能です（297条）。このように招集された株主総会は、原則として議決権の過半数の株主が定足数で、出席株主の議決権の過半数で決議されます（普通決議。309条1項）が、M&Aなどの重要事項については議決権の3分の2以上の決議が必要となります（特別決議。309条2項）。

② 取締役

　「取締役」は、会社の業務執行を担当する者であり、取締役会設置会社においては3人以上が必要とされます（331条5項）。取締役は株主から委任を受けて経営を担当する者なので（330条）、民法上、委任契約に基づく善管注意義務(善良な管理者としての注意義務)を負いますが(民法644条)、その他に、会社法上でも忠実義務（法令および定款・総会の決議を遵守し、会社のために忠実にその職務を行う義務）を負います（会社法355条）。また、取締役の専横を排除するため、次のことについては、株主総会において重要な事実を開示し、承認を得ることが必要とされています（取締役会設置会社の場合は取締役会における事実開示、承認と事後の報告。356条1項、365条）。

　　ⅰ）競業取引（取締役が自己または第三者のために会社の事業の部類に属する取引を行うこと）

　　ⅱ）利益相反取引（取締役が自己または第三者のために会社と取引を行うこと、会社が取締役の債務を保証すること、または、その他取締役以外の者との間において会社と当該取締役との利益が相反する取引を行うこと）

　また、取締役の報酬の総額または計算方法は、原則として、定款または

株主総会で決定しなければなりません（361条）。

　なお、取締役が自己もしくは第三者の利益を図り、または会社に損害を加える目的で、その任務に背く行為をして会社に財産上の損害を加えた場合は、10年以下の懲役もしくは1000万円以下の罰金、または併科となります（特別背任罪。960条）。例えば、会社の代表取締役が返済される見込みもないのに社長仲間の友人のために自社のお金を使って多額の融資をした場合などです。また、取締役の職務に関して、不正な行為の依頼を受けて、その見返りとして金品を受け取った場合などは、5年以下の懲役または500万円以下の罰金が科されます（贈収賄罪。967条）。

③　取締役会

　「取締役会」は、会社の業務執行に関する意思決定や取締役の業務執行の監督を行う機関です。代表取締役は3カ月に1回以上その職務の状況を取締役会に報告しなければならないため（363条2項）、3カ月に1度は取締役会を開催しなければなりません。取締役会の決議は取締役の過半数がその定足数であり、出席取締役の過半数で決議されます（369条1項）。また、定款に定めがあれば、取締役会の決議の省略（書面決議）が可能です（370条）。

④　監査役

　「監査役」は、取締役の職務執行を監査する者であり、その監査の範囲は、会計に関する事項のほか、職務執行の適法性にも及びますが、公開会社でない株式会社の監査役については定款に定めることにより監査の範囲を会計に関するものに限定することができます（389条1項）。

⑤　委員会

　「委員会」には指名委員会等および監査等委員会があります（2条11号の2、12号）。指名委員会等は、指名委員会、監査委員会および報酬委員会から成り立っています。指名委員会等設置会社では業務執行は執行役が行い（418条）、取締役は原則、執行役の業務執行を監査する役割を負っています（415条、416条）。一方監査等委員会は、2015年5月1日から施行

された改正法で新設されました。監査等委員会設置会社の業務執行は委員以外の取締役が行いますが（331条3項）、取締役会が個々の取締役の業務執行を監督するのは監査役設置会社と変わりません。また、どちらにおいても、各委員会の構成員は取締役の中から選定され、かつ過半数は社外取締役でなければなりません（400条2項、3項、331条6項）。

5）資金調達

会社法上規定されている株式会社の資金調達方法として、借入、株式の発行、新株予約権の発行、社債の発行があります。公開会社は、これらの資金調達を原則として取締役会の決議で行えます（201条、240条、362条4項）。なお、これらの資金調達方法のうち、会社は株式を取得した株主に対して利益がある場合にのみ剰余金の配当という形で支払いを行い、他方、株主は議決権という形で会社の経営に参与します。一方、社債、借入は、会社に利益がなくとも利息の支払いが必要となりますが、債権者が会社の経営に参与することはありません。

6）M&A

いわゆるM&A（Mergers and Acquisitions：合併、会社分割、株式交換、株式移転等）は、会社の組織を変更し、株主の地位に多大な影響を与えます。したがって、原則として、株主総会において議決権の3分の2以上の決議が必要となります（特別決議。309条2項）。

＜事例－1＞株主代表訴訟

> X社の株主であるAから同社に対して内容証明郵便が届いた。その内容証明郵便には、「X社の取締役であるBが経営にかかる判断を誤り、X社に多額の損害を生じさせたので、X社において責任を追及してほしい」という内容が記載されていた。

この事例では、X社の株主であるAが、同社取締役Bに対してその責任を追及する旨請求していますが、このような請求にもかかわらず会社が取締役Bに対して訴えを提起しない場合もあるので、そのような場合には株主が会社のために代表となって取締役の責任を追及することもできます。これを、「株主代表訴訟」といいます（847条）。以下、この株主代表訴訟の手続きの流れを説明します。

　まず、6カ月（これを下回る期間を定款で定めた場合にあっては、その期間）前から引き続き株式を有する株主（ただし、公開会社ではない会社については、この株主の制限はありません）が、会社に対して、同社が取締役等の責任を追及するよう請求します（同条1項）。会社は、請求の日から60日以内（同条3項）に、この株主の請求に理由があるか否かを、取締役会議事録等をもとに調査します。もし、調査の結果、会社が取締役に対して責任追及しない場合、会社はこの株主に対して不提訴理由書を通知します（同条4項）。そして、この場合に、先の請求をした株主は、会社のために、責任追及等の訴えを提起することができます（同条3項）。

　なお、この事例では、取締役Bの経営判断のミスについて責任が認められるかどうかも大きな争点となります。なぜならば、日本の裁判例上、いわゆる経営判断の原則によって、経営判断の前提となる事実認識において不注意に基づく誤りがある場合、または、事実認識が正しいとしても、この事実認識に基づく意思決定の過程および内容が著しく不合理である場合にのみ、取締役の責任を認める傾向にあります。もっとも、取締役の行為が違法なものであれば、経営判断の原則は適用がなく、取締役が責任を負うのは当然です。

＜事例－２＞取締役の解任

> 　Ｙ社の株主であるＣは、同社の取締役のＤが経営判断を誤り、同社に多額の損害をもたらしたので、このようなＤには経営を任せることができないと考えている。取締役を解任するためにはどのような方法があるか。

　前述のとおり、株主は、共益権として、取締役の解任請求権（854条）を有しています。もっとも、この請求権は、取締役を解任する旨の議案が株主総会において否決されたときに認められます。そこで、まず取締役解任を議案とする株主総会が招集され（297条）、この議案が否決された場合に、請求権を行使することになります。なお、会社法上は、取締役の解任は株主総会の普通決議事項、つまり出席株主の議決権の過半数で決議されます（339条１項、341条１項）。この請求の相手方は、会社と取締役の両者となります。

＜事例－３＞利益供与

> 　総会屋等への利益供与は禁止されているが、Ｚ社では、議決権を行使した株主に対して、記念品を与えている。このような対応は利益供与との関係で問題とはならないのだろうか。

　会社法120条は、会社が何人に対しても、株主の権利の行使に関し、財産上の利益を供与することを禁止しています。例えば、会社が議決権行使を条件として株主１名につき QUO カード１枚（500円分）の提供をしたことが会社法120条１項の禁止する利益供与に該当すると判断した裁判例（東京地裁平成19（2007）年12月６日判例タイムズ1258号69頁）があります。

　この裁判例では、「株主の権利の行使に関して行われる財産上の利益の供与は、原則としてすべて禁止されるのであるが、上記の趣旨に照らし、当該

利益が、株主の権利行使に影響を及ぼすおそれのない正当な目的に基づき供与される場合であって、かつ、個々の株主に供与される額が社会通念上許容される範囲のものであり、株主全体に供与される総額も会社の財産的基礎に影響を及ぼすものでないときには、例外的に違法性を有しないものとして許容される場合がある」旨の判断をしています。そして、会社と株主が対立している場合は、これまでは行っていない取扱いをすることは会社提案へ賛成する議決権行使の獲得を目的としたものであると推認され、正当な目的を有しないと解されています。したがって、これまでも事例のような取扱いをしており、記念品の額が低廉である場合（金額自体および会社財産との関係で低廉であるという意味）には、この取扱いは許容されると考えられます。

独占禁止法

1 独占禁止法の趣旨と目的

独占禁止法は、正式名称を「私的独占の禁止及び公正取引の確保に関する法律」といいますが、名称が長いので一般的には「独占禁止法」「独禁法」と呼ばれています。独占禁止法の基本的な考え方は「市場における競争を促進すること」にあります。言い方を換えれば、競争を阻害するような行為を禁止することを目的とする法律が、独占禁止法なのです。

独占禁止法を学ぶ前提として、競争はなぜ望ましいかを考えてみましょう。それは競争がある経済社会とそうでない経済社会を比べてみれば分かります。ある企業が他の企業と競争することは、顧客を獲得しようと努力し合うことを意味します。顧客はより良いものをより安く購入することを希望します。つまり、企業はより良いものをより安く提供できるよう、さまざまな努力を払おうとします。それが市場における競争の意味です。一方、競争がなければ企業はそのような努力をしないでしょう。そのような努力がなくても、

顧客はその企業から購入せざるを得ないからです。

　競争における努力の積み重ねは、経済発展をもたらします。より良いものをより安く提供しようという努力が、さまざまな効率性やイノベーションを生み出すからです。同じものがより安く生産され、より快適で便利な商品やサービスが市場に出回るようになる、これらはまさに競争活動が生み出す便益なのです。

　独占禁止法1条はそうした考え方を踏まえて、「この法律は……公正且つ自由な競争を促進し、事業者の創意を発揮させ、事業活動を盛んにし、雇傭及び国民実所得の水準を高め、以て、一般消費者の利益を確保するとともに、国民経済の民主的で健全な発達を促進することを目的とする」と定めています。この目的を実現するために、独占禁止法が禁止の対象として定めたものが、以下のような、不当な取引制限、私的独占、不公正な取引方法、そして競争制限的な企業結合を禁止する規定なのです。

2 不当な取引制限、私的独占、不公正な取引方法

　独占禁止法ではさまざまな行為が禁止されていますが、

① 　不当な取引制限の禁止（独占禁止法3条後段）

② 　私的独占の禁止（3条前段）

③ 　不公正な取引方法の禁止（19条）

が、その中核で、これらはしばしば「3本柱」などと呼ばれています。これに企業結合規制（p.102参照）が加わり、「4本柱」と呼ばれることもあります。

　以下で、これらを簡単に見てみましょう。なお、独占禁止法では違反行為の主体は企業ではなく事業者です。もちろん、事業者の中心的存在は企業（法人）なのですが、事業者として活動する個人を違反行為の主体に含ませる趣旨から事業者という言葉を用いています。

　「不当な取引制限規制」は、価格カルテル、入札談合などを禁止の対象としています。ただ、法律の条文に「価格カルテルを禁止する」「談合を禁止する」と書かれているわけではなく、複数の事業者が意思を連絡させて（共

同）、お互いに義務付けあう（相互拘束）取決めを行うことで、競争を実質的に制限することが禁止されています（2条6項）。ここで競争を実質的に制限するとは、取引条件を左右するような市場支配力を発生させたり、拡大したりすることを指します（例えば、事業者間で価格カルテルの取決めを行えば値段を上げる支配力が発生する）。価格カルテルや入札談合だけでなく、競争者間で販売地域を分割し競争を回避する市場分割や、利用技術を制限することで競争を回避するような技術制限カルテルも対象となります。また、法文上は競争者間の取決めだけでなく、取引当事者間での取決めも対象となり得ますが、実際に違反が認められるケースは競争者間での取決め（またはそれに類似するもの）ばかりです。

「私的独占規制」は、排除型と支配型に分かれますが、実務上、排除型が中心となります。排除型の私的独占とは、ある事業者が効率性に基づかずに他の事業者を市場から追い出したり、市場への参入を阻止したりする行為によって競争を実質的に制限するものを指します（2条5項）。p.108の＜事例－2＞を参照してください。

なお、「効率性に基づかない」とあえて断ったのは、「良いものを安く売ることで他の事業者がついていけなくなる」ケースは独占禁止法上問題にされない、ということを示すためです。排除がすべて違反になってしまうのであれば、競争それ自体を禁止するのと同じ結果を招いてしまうことになります。そうしたことを回避するために「効率性に基づかない」と断っているのです。

「不公正な取引方法規制」は、多岐にわたります。2009年の独占禁止法の改正で、不公正な取引方法の一部が課徴金の対象とされたのに伴い、課徴金の対象となる行為は法律で規定（2条9項1号～5号）され、その他は、これまでと同様に公正取引委員会が指定（2条9項6号）しています。どの産業分野にも適用される指定を「一般指定」といいますが、最新のものは、2009年10月に定められました。主な内容としては、次のようなものがあります。

・「取引拒絶（ボイコット）」

- ・「差別対価」
- ・「不当廉売」
- ・「抱き合わせ取引」
- ・「排他条件付取引」
- ・「再販売価格の維持」
- ・「優越的地位の濫用」
- ・「取引妨害」

　「公正な競争を阻害するおそれ」（しばしば「公正競争阻害性」と呼ばれます）の内容はさまざまです。一般的には、競争減殺効果が問題にされるもの（不当な取引制限や私的独占で問題にされる「競争の実質的制限」と同じような効果だがその程度が軽いもの）、経済主体の意思決定の自由を抑圧するもの、競争手段が不公正なもの、というように分類され、ケースごとに使い分けがなされることとなると説明されています。

　なお、優越的地位濫用の禁止とは、取引関係上優越的な地位にある事業者が取引相手に対して不当な要求を迫ることが問題にされていますが、これが下請取引（建設業を除く）にかかわる場合には、下請法（正式名称を「下請代金支払遅延等防止法」といいます）が適用されることになります。下請法の対象となる取引は、事業者の資本金規模と取引の内容で定義され、例えば物品の製造委託で、資本金3億円超の企業（親事業者）が、資本金3億円以下の企業（下請事業者）に委託した場合などが、下請法の対象取引となります。

　まず、下請法では、下請取引の公正化および下請事業者の利益保護のため、親事業者に4つの義務（書面の交付義務、支払期日を定める義務、書類の作成・保存義務、遅延利息の支払義務）を課して、下請契約を明確化しています。また、親事業者には、類型的に優越的地位の濫用になりやすい11項目（受領拒否、下請代金の支払遅延、下請代金の減額、不当な返品、買いたたきなど）を禁止行為としてきめ細かく規定しています。

　こうした規定に違反した場合、独占禁止法よりも簡易迅速な手続きに従って、違反行為に対する勧告としての禁止行為の取りやめ、原状回復、再発防

止措置などが求められることになります（書面の交付義務、書類の作成・保存義務に違反した場合は50万円以下の罰金）。また、勧告を受けると、公正取引委員会のホームページで企業名や違反内容などが公表されるため、事実上、企業イメージにも不利益が生じます。なお、勧告に従わない場合は、独占禁止法に基づく排除措置命令や課徴金納付命令を受けることになります。

　また、一般指定の中で「ぎまん的顧客誘引」「不当な利益による顧客誘引」に該当する行為のうち、不当な表示、過大な景品についての規制を特例法として設けたものが「不当景品類及び不当表示防止法」（「景品表示法」）ですが、2009年9月に公正取引委員会から消費者庁に移管されたことに伴い、消費者保護の法律という位置付けになりました。

３ 企業結合規制

　4本柱の4本目である企業結合規制は、他の3本柱が行為にかかわる規制であるのに対して、競争制限的な状況をもたらす企業の結合という構造を問題にする規制である点に特徴があります。代表的な規制は合併規制ですが、株式取得や事業譲受も対象となります。

　合併、株式取得、事業譲受のいずれにも共通する違反要件は、「競争を実質的に制限することとなる」というものです。これは企業結合の結果、将来にわたり取引条件を左右するような支配力が発生したり、拡大したりすることを指します。

　企業結合に関しては、法文上の規定からだけではいかなる場合に違反となるのかが分からないということ、判例や審決の積み重ねがあまりに乏しいことから、公正取引委員会の事前相談、事前届出・審査の手続きが中心となっており、またその判断においては、公正取引委員会が作成、公表している企業結合に関する指針（ガイドライン）が大きな意味を持つものとなっています。実務のすべてがこのガイドラインで動いているといっても過言ではありません。

　企業結合規制においては将来にわたる競争制限効果が問題にされますの

で、非常に多くの要素を考慮して判断されなければなりません。上記のガイドラインでは、例えば、「企業結合当事者の地位」「他の事業者との差」「産業の集中度」「輸出入の状況」「需要者の動向」「イノベーションの速さ」「企業結合から得られる効率性の有無」「当事者の一方が破綻しかかっているか否か」といった多くの要素が、競争制限効果の有無の判断に際して考慮されるものと定められています。また、企業結合後の事業者が単独で競争制限的な行為をすることができるか、という視点と、企業結合後の事業者が他の事業者と協調して競争制限的な行為をすることができるか、といった視点の両方を考慮するなど、複数の視点から眺めることでより実態に即した判断を行うように工夫されています。

４ 独占禁止法の定めに違反した場合の制裁、措置等

違反に対するペナルティ（不利益賦課）にはどのようなものがあるでしょうか。ここでは、事前手続きのある企業結合規制以外の規制、すなわち不当な取引制限、私的独占、不公正な取引方法のいわゆる３本柱について見てみましょう。なお、裁判管轄のような手続面については触れず、実体的な部分についてのみ触れることとします。

１）行政処分

行政処分には、排除措置命令（７条、20条）と課徴金納付命令（７条の２、20条の２〜20条の６）があります。排除措置命令はすべての違反類型が対象となります。簡単にいえば、違反行為の取りやめを命じるものですが、内容は多岐にわたります。例えば違反行為を取りやめたことの周知徹底、公正取引委員会への事後報告、独占禁止法に抵触しない内容での契約強制なども排除措置命令の内容になり得ますし、実際にそのような命令がなされます。

課徴金納付命令とは、一定の金銭を国庫に納付することの命令です。2009年の独占禁止法の改正で、不当な取引制限、支配型の私的独占に加え、排除型の私的独占、不公正な取引行為の一部（共同の取引拒絶、差別対価、不当

廉売、再販売価格の拘束、優越的地位の濫用）が課徴金の対象とされました。

　課徴金の算定は、原則として、違反行為にかかわる商品・役務の売上額に、基本の算定率である10%を乗じる形でなされます。

　ただし、2019年改正により、直接の売上額でなくとも、談合金や、下請受注等による売上額、違反事業者から指示を受けたその違反事業者の完全子会社の売上額など、「密接関連業務」の対価についても、算定基礎に含めることが可能となりました。

　また中小企業の場合の算定率は4％と軽減される一方、繰り返し違反や、主導的役割（違反行為にかかる資料の隠蔽等も含む）の違反事業者に対しては、5割増の算定率で計算されます。2019年改正で、業種別の算定率や、早期離脱に対する軽減算定率は廃止されました。

　さらに、これまで算定期間が3年に限られていたのが、2019年改正で、算定期間の始期を、違反事業者が立入検査等の処分を最初に受けた日の10年前の日まで遡ることができるようになり、10年以上の算定期間での算定が可能となっています。

　こうした改正により、今後、課徴金はこれまで以上に高額になることが予想されます。

2）民事救済

　独占禁止法違反によって被害を受けた者、被害を受けそうな者には、どのような民事救済手段があるのでしょうか。

　独占禁止法が用意する民事救済手段には、差止請求（24条）と損害賠償（25条）の2つが用意されています。このうち、差止請求は3本柱の中で不公正な取引方法に対してのみ可能な民事救済手段ですが、損害賠償については違反類型に制限がありません。ただ、独占禁止法上の損害賠償請求を行うためには、公正取引委員会の処分が確定していなければなりません。つまり公正取引委員会がそもそも摘発していないケース、摘発したが現段階で争われているケースについては、独占禁止法上の損害賠償請求訴訟は提起できないの

です。その代わり、独占禁止法上の損害賠償請求訴訟においては、加害者は無過失責任を負うこととなっています。被害者は加害者の故意、過失を立証する必要がなくなるのです。

　では、独占禁止法に基づかない損害賠償、すなわち民法上の不法行為に基づく損害賠償請求を独占禁止法違反事業者に対して行うことはできるのでしょうか。かつては解釈上の論点として争われてきましたが、1989年の最高裁判所判決で「できる」との判断が示されました。民法上の不法行為責任ですから、被害者は加害者の故意・過失を立証しなければなりません。

3）刑事制裁

　3本柱の中で刑事制裁（89条以下）が科されるのは、「不当な取引制限」と「私的独占」の2つです。ただ実務上、刑事制裁は不当な取引制限のみに科されています（私的独占については公正取引委員会が刑事告発をしないという実務になっています）。

　刑事罰には、違反行為にかかわった自然人の処罰、法人（その自然人が属する組織）の処罰、そして法人の代表者の処罰の3つの類型があります。実務上用いられているのは前二者のみです。

　自然人処罰の法定刑は、5年以下の懲役または500万円以下の罰金となっています（89条）。法人については、5億円以下の罰金です（95条）。かつては法人の罰金額の上限は自然人のそれと同じでしたが、それでは全く抑止にならないということで5億円にまで引き上げられたのです。

　刑事制裁が科される前提として公正取引委員会による検事総長に対する告発が必要になりますが、行政処分の対象となるカルテルや談合がすべて刑事告発されるわけではありません。公正取引委員会は刑事告発にかかわるガイドラインを作成、公表していますが、それによれば告発の対象となる違反行為は、国民生活に多大な影響を及ぼす場合や、違反行為を繰り返し行い行政処分では対処できない場合であると定められています。

5 違反事業者による情報提供に対する課徴金の減免について

　2005年の独占禁止法改正によって、不当な取引制限について、課徴金を減免する制度、いわゆるリーニエンシー制度が導入されました。具体的には、違反事業者が違反にかかわる情報提供を行えば、条件次第で課徴金を減免する、という制度です。カルテルや談合は通常密室で行われ、公正取引委員会による摘発が困難であり、多くの違反が見逃されてきました。リーニエンシー制度はこうした問題を解消するために導入されたのです。

　課徴金減免の対象となる事業者数には、以前は限り（調査開始前であれば5社）がありましたが、2019年改正により上限が撤廃され、基本的に申請し、情報提供すれば、減免の可能性はあることになります。

　ただし、申請は早ければ早いほどメリットがあり、調査開始前に1位申請すれば全額免除を受けられるのに対し、2位では20%、3〜5位では10%、それ以下だと5%の減免率となります。調査開始後では、原則として最大3位までが10%、それ以下だと5%です。

　そして、こうした申請順位による減免に加え、2019年改正により、事件の真相の解明に資する調査協力の程度に応じた減算率（調査協力減算制度）が導入されています。申請が遅くとも、調査に積極的に協力することで、調査開始前の申請であれば最大40%、調査開始後の申請であれば20%の減免率が加算されるため、例えば調査開始前、5位での申請しかできなかった事業者でも、その後の調査協力により、最大で50%課徴金が減額されることになります。

　リーニエンシー制度の利用について判断を誤れば事業者にとって大きな痛手を招きます。株主代表訴訟等のリスクもあります。これは、実務上、決して無視できない重要な制度なのです。

＜事例－１＞入札談合

> 　Ｌ市が発注する道路工事について、入札に参加する建設会社Ｔ社、Ｕ社、Ｖ社、Ｗ社、Ｘ社の５社の担当者らは年度初めに某所に集まり、今後１年間、Ｌ市発注の道路工事について、過去数年の受注実績に応じて工事を割り振ること、入札のたびに会合を開き落札者と落札価格を決定しそのとおり受注できるように調整する旨の基本的な取決めを行い、各入札においてそのとおりに実行した。

　これは、不当な取引制限規制に抵触する入札談合の典型的な例です。かつてはほとんどの公共調達において蔓延してきたといわれる入札談合ですが、最近では都市部、大手業者を中心にその構造が崩壊してきたといわれます。とはいえ、地方、中小事業者においてはいまだに入札談合の構造が解消されていないという指摘もあります。入札談合に対する言い訳はいかなるものであっても、独占禁止法上、まず通用しません。不当な取引制限の定義規定である独占禁止法２条６項には「公共の利益」に違反しない限り違反とはならない旨の規定がありますが、この要件で違反が正当化されることは少なくとも入札談合では皆無と考える必要があります。

　入札談合違反に対しては、独占禁止法上の処分、制裁のみならず、発注機関から与えられる契約上のペナルティも無視できません。発注機関から請求される違約金は20％が標準的なものになりつつあります。発注機関からなされる入札参加資格の停止は２年にも及び、入札談合が発覚した発注機関以外の発注機関も並行的に資格停止措置を行うため、影響力は非常に大きなものになります。とりわけ公共調達分野のウエイトが大きな事業者は多大なダメージを受けることになります。

＜事例－２＞私的独占

> 　ある地域で圧倒的な地位にある既存の大きな新聞社が、自分の地域に新しく参入した小さな新聞社（新規参入者）を排除しようと、①地元テレビ局に圧力をかけ新規参入者の宣伝を一切させないようにし、②取引先のニュース配信社に対して新規参入者にニュースを配信しないように圧力をかけた結果、新規参入者は撤退を余儀なくされ、既存業者のこの地域における支配的状況が維持された。

　既存の支配的な事業者が、新規参入業者の市場参入を阻止するというのは排除型私的独占の典型です。

　「いいものを安く売る」という能率競争によって競争者がついていけなくなった結果、市場から退出することになっても独占禁止法上は、全く問題はありません。それは、効率性に基づく事業者の排除であって、独占禁止法が実現しようという公正かつ自由な競争の維持、促進の観点からはむしろ賞賛されるべきことだからです。

　しかし、そうではない排除、この事例に見る排除は、自らの強い立場を利用して各方面に圧力をかけるだけで新規参入者を追い出そうとしたものです。これは何も市場にプラスの効果をもたらしません。何も効率性が見出されないのです。それゆえに、排除型の私的独占に該当することになります。

　私的独占規制は、問題となる行為が市場にどのようなマイナスの効果を発生させるのか、どのようなプラスの効果を発生させるのか、という点が焦点になります。しばしば、この効果をめぐって公正取引委員会と（違反が疑われる）事業者との間で見解の相違が生まれますから、この点についての慎重な見極めが関係者には求められます。ともすると、真っ当な事業活動と信じていた行為が、いきなり公正取引委員会から違反と宣言されたり、被害者と称する者から損害賠償を請求されることにもなりかねません。

＜事例－３＞企業結合

> 鉄鋼メーカーであるＹ社は、国際競争力を獲得するために国内の競争業者であるＺ社と合併することを検討している。あるタイプの鉄鋼製品についてＹ社の国内における市場占拠率は30％、Ｚ社は25％である。その他の製品についても、統合後の市場占拠率はおおむね30％～40％近くに上昇することになる。Ｙ社はこの統合によりコスト削減など大規模な合理化が図れると信じており、経営専門家からは効率性の観点からも合併は望ましいと指摘されている。一方、一部の独占禁止法専門家からは、この市場占拠率の上昇を警戒する声が聞かれている。

　一定規模以上の企業同士の結合は、独占禁止法上、問題となります。大事な視点は、その結合が競争制限効果をもたらすかどうかです。一般的にいえば、この事例では、公正取引委員会からは相当グレーな領域であると判断されるはずです。ただ、表面的な数字だけでは判断できないため、実質的に競争者の動向、輸入の動向、需要者の動向、イノベーションの動向などを考慮しつつ慎重に判断されることになります。

　国際競争力を獲得する、大規模な合理化を図る、といった事情は考慮されます。要するに、問題は結合から発生する競争制限への危険と結合から得られるさまざまな市場へのメリットとの比較なのです。

　事業者として考えるべきは、競争制限への危険をいかにして回避しつつ、企業結合の目的である合理化、国際競争力の獲得を実現するか、です。それができないのであれば合併計画は白紙に戻すしかありません。例えば、市場占拠率が非常に高くなる製品について合併当事者があまり重視していないのであれば、事業譲渡等によって競争性を高めるような措置を自ら申し出るのは一案です。

　つまり、競争制限への危険さえ除去できれば、公正取引委員会は問題視し

ないのです。

 著作権法

1 著作権法の趣旨と目的

　ある人の知的活動あるいは精神的活動によって生み出された知的成果物が保護されず、第三者が勝手に利用できるとしたら、人々の創作に対する意欲は薄れ、新たな知的成果物が創り出されることはなくなってしまいます。その結果として、国の文化的な発展は望めなくなるでしょう。

　他方で、知的成果物は、人々に広く利用されてこそ、その価値が生かされるものであり、社会公共の利益に寄与するものです。

　そこで、「著作物並びに実演、レコード、放送及び有線放送に関し著作者の権利及びこれに隣接する権利を定め、これらの文化的所産の公正な利用に留意しつつ、著作者等の権利の保護を図り、もつて文化の発展に寄与することを目的」（著作権法1条）として著作権法が制定されました。

　著作権法は、上記の目的のもとで、保護される対象として「著作物」、その著作物を創作した者として「著作者」、その著作者が有する権利の内容として「著作権」を規定しています。著作権には、著作者の人格的利益の保護のための「著作者人格権」と、財産的利益を保護するための「著作財産権（法令用語ではありません）」の2つがあります。その他、著作物を伝達した者に認められる「著作隣接権」について規定しています。他方で、保護期間や著作物を自由に利用できる場合についても規定しています。

2 著作物

1）著作物とは何か

　著作物とは、「思想又は感情（a）を創作的（b）に表現した（c）もので

あつて、文芸、学術、美術又は音楽の範囲に属する（d）もの」をいい（著作権法2条1項1号）、（a）から（d）の要件が必要とされます。

したがって、単なる事実（データ等）〈（a）の要件により除外〉、模倣品〈（b）の要件により除外〉、アイデア、メロディなどを考えたとしてもそれが実際に表現されていないもの〈（c）の要件により除外〉、工業製品〈（d）の要件により除外〉は著作物には含まれないことになります。

また、著作権法では、著作物として次の9つを例示しています（著作権法10条1項各号）。しかし、この例示だけに制限されるものではなく、前記の著作物としての要件を満たしているものについては、著作権法で保護されます。

① 言語の著作物…………………小説、脚本、論文、講演、詩、短歌、俳句など
② 音楽の著作物…………………楽曲、音的に表現される歌詞
③ 舞踊、無言劇の著作物……日本舞踊、バレエ、ダンス、その他振り付け
④ 美術の著作物…………………絵画、版画、彫刻、書など
⑤ 建築の著作物…………………芸術的な建築物
⑥ 図形の著作物…………………地図、学術的な図面、図表、模型、設計図、地球儀など
⑦ 映画の著作物…………………映画フィルム、ビデオテープ、DVD
⑧ 写真の著作物…………………写真
⑨ プログラムの著作物………コンピュータ・プログラム

2）二次的著作物・編集著作物・データベースの著作物

① 二次的著作物

二次的著作物は、もととなる既存の著作物（以下、「原著作物」といいます）に手を加えるなどして創作性を生じさせることにより、原著作物とは別の著作物として保護されます。

なお、二次的著作物を創作するには、原著作物についての著作権者の許諾が必要とされます。また、二次的著作物を利用する場合には、二次的著作物の著作権者および原著作物の著作権者の許諾が必要です（28条）。

② **編集著作物・データベースの著作物**

　編集著作物、データベースの著作物は、材料となるものの収集、分類、選別、配列に創作性が認められて、編集された全体が著作権法の保護となるものです（12条、12条の２）。編集物のうち、コンピュータで検索できるものがデータベースの著作物で、できないものが編集著作物となります。例えば、職業別電話帳（タウンページ）がこれに該当します。

３）共同著作物

　共同著作物とは、「二人以上の者が共同して創作した著作物であつて、その各人の寄与を分離して個別的に利用することができないもの」をいいます（２条１項12号）。共同著作物の場合は、原則として、全員の合意により権利を行使することとされています（65条２項）。

４）著作権法の保護の対象となる著作物と保護の対象にならない著作物

　著作権法は、日本国民の著作物、最初に日本国内で発行された著作物、条約で保護の対象となる場合は、著作物として保護すると規定しています（６条各号参照）。

　他方、次のような著作物については、著作権は及ばないこととされています（13条各号参照）。

① 　憲法その他の法令

② 　国、地方公共団体の機関、独立行政法人または地方独立行政法人が発する告示、訓令、通達、その他これらに類するもの

③ 　裁判所の判決、決定、命令および審判ならびに行政庁の裁決および決定で裁判に準ずる手続きにより行われるもの

④ 　前の①〜③に掲げるものの翻訳物および編集物で、国もしくは地方公

共団体の機関、独立行政法人または地方独立行政法人が作成するもの

3 著作者

　著作権法は、「著作者」について単に「著作物を創作する者」（著作権法2条1項2号）としか規定していません。このことから、著作者となるための要件としては、単に「創作」という行為が必要とされるだけで、他の知的財産法などで必要とされる出願、登録などの手続きは必要ありません（これを無方式主義といいます）。

4 著作者の権利

1）著作者人格権

　「著作者人格権」とは、その「人格権」という文言から推測できるように、著作者が自分の著作物に対して有している人格的・精神的利益を保護する権利をいいます。著作権法には、著作者人格権として、公表権（著作権法18条）、氏名表示権（19条）、同一性保持権（20条）が規定されています。なお、著作者人格権は、一身専属であるため、譲渡や相続の対象になりません。

2）著作財産権

　著作権法は、その著作物の利用を可能とする財産的権利として、複製権（著作権法21条）、上演権・演奏権（22条）、上映権（22条の2）、公衆送信権・公衆伝達権（23条）、口述権（24条）、展示権（25条）、頒布権（26条）、譲渡権（26条の2）、貸与権（26条の3）、翻訳権・翻案権等（27条）、二次的著作物の利用に関する原著作者の権利（28条）を規定しています。これらのうち、企業のコンプライアンスとして、複製権、公衆送信権が問題になりやすいので、この2つについて詳説します。

① 複製権

　著作権法は、「著作者は、その著作物を複製する権利を専有する」（21条）とし、また、「複製」については、「印刷、写真、複写、録音、録画その他

の方法により有形的に再製すること」としています（2条1項15号）。

ⅰ）「著作物を複製する権利を専有する」と「有形的に再製する」の意味

まず、「専有する」とは、著作者は著作物の複製について排他的な支配権を有することを意味します。

また、「有形的に再製する」とは、ある媒体に固定すること、例えば、ある曲をCD、DVD等に録音することを意味します。

しかし、その曲をそのまま放送するような場合には、いわゆる無形的な再製となるので、ここでいう「複製」には、該当しません。こうした無形的な複製については、著作権法が別に規定する「上演権」「演奏権」「放送権」として保護されることになります。

ⅱ）複製権の適用範囲とその基準について

複製権の適用範囲については、複製物の数・量というものは関係ありませんので、複製物がわずか1個であったとしても、著作者の有する複製権を侵害することになります。また、著作物全部ではなくその一部を複製する場合でも、その一部が著作物の本質的な部分であって、それだけでも独創性または個性的特徴を有する部分を複製する行為は、著作者の複製権を侵害することとなります。

具体的に複製権を侵害しているのかどうかについては、原著作物との関係で「実質的に類似している」のかどうかということがポイントになります。

② **公衆送信権**

著作権法は、「著作者は、その著作物について、公衆送信（自動公衆送信の場合にあっては、送信可能化を含む。）を行う権利を専有する」（23条1項）とし、また、「公衆送信」については、テレビ・ラジオ等による放送（2条1項8号）、CATV・有線音楽放送等による有線放送（2条1項9号の2）、インターネットのホームページ等による自動公衆送信（これをインタラクティブ送信といいます。2条1項9号の4）、その他の公衆送信（2条1項7号の2）が規定されています。

また、著作権法は「送信可能化を含む」と規定している（23条1項）ことから、自動公衆送信がいまだ行われていなくとも、その送信をいつでも行える状態、例えば、インターネットのホームページにアップロードする行為、あるいは、アップロードされたサーバーをコンピュータ・ネットワークに接続する行為なども含まれます。

⑤ 著作隣接権

　「著作隣接権」とは、創作された著作物を伝達した場合に、「実演家」（例えば、俳優や歌手など。著作権法2条1項3号、4号）、「レコード製作者」（2条1項5号、6号）、「放送事業者」（2条1項8号、9号）、「有線放送事業者」（2条1項9号の2、9号の3）のそれぞれに認められる権利をいいます。

　このうち、実演家には、氏名表示権（実演について、氏名・芸名を表示し、または表示しないことができる権利。90条の2）、同一性保持権（実演について同一性を保持し、自己の名誉等を害する改変を加えられない権利。90条の3）、録音権・録画権（実演を録音・録画する権利。91条1項）が認められています。

⑥ 著作物を自由に利用できる場合

　著作権法は、著作物の公正な利用を図るため（著作権法1条参照）、30条から50条において、例外的にある一定の要件のもとに著作権を制限して著作物の自由利用を認めています。

1）私的使用のための複製（30条）

　著作権法は、個人的にまたは家庭内その他これに準ずる限られた範囲内において使用する目的であれば、私的使用のための複製を認めています。なお、2013年1月に施行された改正著作権法により、インターネットに違法にアップロードされている音楽または映像をそれと知りながらダウンロードする行為の罰則が強化され、2年以下の懲役もしくは200万円以下の罰金、または

併科となります（119条3項）。

　具体的な要件は、次のとおりです。

①　個人的にまたは家庭内など限られた範囲内で、私的使用を目的とする場合であること

②　使用する本人が複製すること

③　公衆の使用に供することを目的として設置されている自動複製機器（例えば、店頭その他の施設に設置されているビデオデッキ、ダビング機など）を用いて複製する場合でないこと（なお、当分の間、コピー機等による文献等の複写については、上記の自動複製機器から除外されている（同法附則5条の2））

④　コピープロテクションを解除して、または解除されていることを知りつつ複製するものでないこと

2）その他、自由に利用できる場合

　著作権法は、私的使用のほかに、例えば、図書館等における複製（31条）、引用（32条）、教育関係（33条～36条）、福祉関係（37条、37条の2）、非営利・無償・無報酬の場合（38条）、インターネット販売等での美術品等の画像掲載（47条の2）、プログラムの著作物の複製物の所有者による複製等（47条の3）など一定の場合に著作物の利用を認めています。

7 保護期間

　著作物の保護期間については、次のとおりです。

1）著作権の保護期間

・原則（51条）……………………著作者の生存期間＋死後70年（共同著作物の場合には、最後に死亡した著作者の死後）

・無名または変名（52条）……公表後70年（死後70年経過していればそ

の時点）

・団体名義（53条）……………公表後70年（創作後70年以内に公表され
　　　　　　　　　　　　　　なかった場合は、創作後70年）
・映画（54条）………………公表後70年（創作後70年以内に公表され
　　　　　　　　　　　　　　なかったときは、創作後70年）

2）著作隣接権の保護期間

・実演（101条2項1号）…… 実演を行ったときから70年
・レコード（同2号）…………その音を最初に固定したときに始まり、発
　　　　　　　　　　　　　　行後70年経過するまで（固定から70年以内
　　　　　　　　　　　　　　に発行されなかったときは、固定後70年）
・放送（同3号）………………放送を行ったときから50年
・有線放送（同4号）…………有線放送を行ったときから50年

3）著作権の保護期間の計算方法

　保護期間は、著作者が死亡した日または著作物が公表され、もしくは創作
された日のそれぞれ属する年の翌年（1月1日）から起算します（57条）。

8 著作権・著作隣接権の変動

1）著作権・著作隣接権の譲渡

　著作権、著作隣接権も財産権である以上、契約により、これらの全部また
は一部を譲渡することができます（著作権法61条1項）。

　しかし、譲渡契約において、翻訳権・翻案権等、二次的著作物の利用に関
する原著作者の権利を譲渡する旨の明示がないときには、これらの権利は移
転されないものと推定されますので（61条2項）、これらの権利も譲渡する
場合には、明示する必要があります。

　なお、共同著作物の譲渡には、共有者全員の合意が必要です（65条）。

2）著作者人格権・実演家人格権の取扱い

著作者人格権・実演家人格権については、譲渡することができませんので（著作権法59条、101条の2）、著作権譲渡の際には、実務上、著作者人格権の不行使特約条項を盛り込むこととしています。

3）著作物の利用許諾

著作権法は、著作権者に他人への著作物の利用許諾を認めています（著作権法63条1項）。利用許諾を受けた者は、許諾された利用方法・条件の範囲内において著作物を利用できます（63条2項）。

９ 著作権法の定めに違反した場合の制裁、措置等

著作権法が規定する著作権の侵害に対しては、刑事罰の適用があります（著作権法119条〜124条）。特に問題となり得る罰則として、①著作権、出版権、著作隣接権の侵害罪（119条1項）では、原則として権利者の「告訴」を前提として（親告罪、123条）、10年以下の懲役もしくは1000万円以下の罰金、または併科、②著作者人格権または実演家人格権の侵害（119条2項1号）、プログラムの違法複製物を電子計算機において使用する行為（119条2項4号、113条2項）では、5年以下の懲役もしくは500万円以下の罰金、または併科、③技術的保護手段の回避罪（120条の2第2号）では、3年以下の懲役もしくは300万円以下の罰金、または併科が規定されています。

＜事例－1＞引用

> X社は、医薬品の販売・製造を行う製薬会社である。今回、新薬の開発に成功したことから、官公庁の認可をとり、新薬を本格的に製造・販売することになった。新薬の販売に伴い、X社では、営業チームを設け、その責任者をAとした。
>
> Aは、営業するにあたり、営業先に説明するための資料が必要で

あると考え、まずは営業用資料の作成から取りかかることにした。ところが、Aは営業用の資料を作成する際、資料に用いるデータや他の資料を掲載することが著作権法に違反するのではないかとの疑問を持った。

　そこで、Aは、法務部のBに、次のようなデータや資料を掲載することが著作権法に違反するかどうかを確認することにした。
　①　専門書や研究書に掲載されていたデータ
　②　専門書や研究書に記載されていた記述

1）データの記載

　前述したように、データは、思想または感情を表現したものではなく単なる事実にすぎませんから、そもそも著作物として著作権の保護の対象にならないものと考えられます。

2）引　用

　専門書や研究書に記載されていた記述を資料に取り入れることは、引用にあたります。

　引用とは、報道、批評、研究等の目的で他人の著作物の全部または一部を自己の著作物に採録することをいいます。引用について、著作権法32条1項は、「引用は、公正な慣行に合致するものであり、かつ、報道、批評、研究その他の引用の目的上正当な範囲内で行なわれるものでなければならない」と規定しています。実務上、明瞭区別性と主従関係が必要とされています。

　なお、引用を行う場合には、その引用されて利用される著作物について、その利用の態様に応じて合理的と認められる方法および程度により、その出所を明示しなければなりません（48条1項、2項）。

3) 官公庁の作成する資料

　事例からは離れますが、官公庁の作成する資料を転載する場合として、著作権法32条２項は、「国若しくは地方公共団体の機関、独立行政法人又は地方独立行政法人が一般に周知させることを目的として作成し、その著作の名義の下に公表する広報資料、調査統計資料、報告書その他これらに類する著作物は、説明の材料として新聞紙、雑誌その他の刊行物に転載することができる。ただし、これを禁止する旨の表示がある場合は、この限りでない」と規定しています。具体例としては、白書等があげられます。なお、出所の明示は必要です。

　また、２の４）のとおり官公庁の作成する著作物の一部については、著作権が及びませんので、引用できます。

＜事例－２＞著作権侵害

> 　Y社は、自社の製品をインターネットで販売するため、ホームページを作成し、ホームページ上に有名な経営者Cの名言を掲載した。ところが、この掲載に対し、その経営者から著作権侵害であるとの指摘を受けた。

1) 著作権侵害

　特定人の単なる言葉であっても、それが創作性を有する場合には、著作権として保護されます。Y社は、Cの名言をホームページに掲載していることから、Cの公衆送信権を侵害したことになります。著作権者が著作権を侵害された場合に、とり得る民事上の法的手段は次のとおりです。

① 損害賠償請求

　著作権侵害は、著作権という他人の権利の侵害になりますから、民法709条の不法行為に該当します。そして、不法行為を行った者は、損害を賠償する責任を負います。また、著作権が侵害された場合の損害額につい

ては、立証が困難であることから、著作権法では損害額を推定する規定が設けられています（著作権法114条）。

　侵害された権利が著作者人格権または実演家人格権の場合には、侵害行為により生じた精神的損害額（慰謝料）を請求することができます。

②　差止請求

　著作権が侵害されている場合、侵害されるおそれがある場合には、侵害をいち早く止める必要があります。そこで、著作権法では差止請求が認められています（著作権法112条）。差止請求とは、著作者、著作権者、出版権者、実演家または著作隣接権者が、著作権等の侵害行為の差止めを求めるものであり、侵害されている場合だけでなく、侵害されるおそれがある場合にも可能です。また、故意・過失は不要です。

③　不当利得返還請求

　著作権等を勝手に利用した者は、「法律上の原因なく」利得を得る反面、著作権者等は、損失を被っているので、著作権者等は、その利得の返還を請求することができます（民法703条）。

④　名誉回復等の措置の請求

　著作者または実演家は、故意または過失によりその著作者人格権または実演家人格権を侵害した者に対して、名誉もしくは声望を回復するために適当な措置を請求することが著作権法では認められています（著作権法115条）。措置の具体例としては、謝罪広告があげられます。

＜事例－３＞職務著作

> 　Z社は、チームを組んで新しいソフトウェアを開発した。Z社が開発したそのソフトウェアを販売したところ、記録的大ヒットとなった。そんな中で、大ヒットとなったソフトウェアの開発に携わっていた元従業員が自己に著作権があると主張してきた。

法人その他使用者が著作者になる場合、これを職務著作あるいは法人著作と呼びます。「職務著作」の成立のための要件（著作権法15条）は、以下のとおりです。

① **法人その他使用者の発意に基づくこと**

　著作物作成の意思が、直接または間接に使用者の判断にかかっていることを意味します。

② **その法人等の業務に従事する者が職務上作成する著作物であること**

　法人等とその従業員との間に雇用関係あるいはこれに準ずる関係が存在し、その従業員が職務上著作物を作成したことを必要とします。

③ **その法人等が自己の著作の名義のもとで公表するものであること**

　事実として公表したかは問いません。また、公表の予定がなくても、公表するとすれば法人名義で公表すべきものであればよいとされています。なお、コンピュータ・プログラムの著作物については、その性質上必ずしも公表されるものではないことから、この要件は不要とされています（15条2項）。

④ **その作成のときにおける契約、勤務規則その他に別段の定めがないこと**

　著作権が従業員に留保されるという特約がある場合には、15条は適用されません。

 5 特許法

1 特許法の趣旨と目的

　ある会社が多額の資金を投入して研究開発を行い、新しい技術を発明し、販売にこぎつけたとします。もし、他社がその商品等を真似て同様のものを製作販売したとすれば、その会社は研究開発費がかかっていませんから、もとの研究開発をした会社よりも安く販売できることになります。これでは、

どこの会社も研究開発をしなくなり、ひいては産業の発展が望めなくなってしまいます。

他方で、第三者に対しては、新しい発明を利用する機会を与えることで、技術の累積的発展を望むことができます。

そこで、発明を行った者に対して当該発明について独占権を与えて保護し、他方でその発明を公開させることとして、「発明の保護及び利用を図ることにより、発明を奨励し、もつて産業の発達に寄与することを目的」（特許法1条）として、特許法が制定されています。

2 特許の対象

特許法における保護の対象は「発明」であり、保護されるためには「新規性」「進歩性」「産業上の利用可能性」が要件となります。なお、公序良俗または公衆衛生を害するおそれのある発明については、特許は受けられません。それぞれの内容は、次のようになっています。

1）発　明（2条1項）

発明とは、「自然法則を利用した技術的思想の創作のうち高度のもの」をいいます。

2）新規性（29条1項）

「新規性」とは、発明がいまだ社会に知られていないことを意味し、出願時を基準として、主観的ではなく客観的に判断されます。すなわち、自ら発明したとしても出願前に公表した場合には、新規性が失われます。もっとも、出願前に公表した場合でも、一定の場合には、1年間の猶予が与えられます（30条）。例えば、発明を刊行物に発表した場合や特許庁長官の指定する学術団体が開催する研究集会において文書により発表した場合などです。

3）進歩性（29条2項）

進歩性があるかどうかは、特許出願前にその発明の属する技術の分野における通常の知識を有する者が、新規性のない発明に基づいて容易に発明をすることができるかどうかで判断されます。

4）産業上の利用可能性（29条1項）

産業利用できる発明であることも特許の要件となっています。例えば、「人を手術、治療または診断する方法」の発明は、産業上の利用可能性を欠くとされています。

3 権利者になることができる要件

1）特許を受ける権利を有すること

特許法では、発明をした発明者個人に、出願すれば「特許を受けることができる」権利を与えることとしています（特許法29条1項）。そのため、法人は特許法による発明者にはなれません。もっとも、「特許を受けることができる」権利は、譲渡が認められているので（33条1項）、この権利を譲り受けて法人が出願人（後の特許権者）になることができます。

2）先願主義

同一の発明が複数出願されていた場合、最も早く出願していた者のみが特許を受けることができます（39条1項）。これを「先願主義」といいます。

他方、最も早く発明した者に特許を付与する制度を「先発明主義」といいます。

4 特許を受けるための手続き

1）特許出願

特許を受けるためには、特許出願を行わなければなりません（36条）。特許出願は、明細書、特許請求の範囲、必要な図面および要約書を添付した願

書の提出により行われます（36条2項）。

2）出願審査請求

　特許出願をしただけでは、審査は始まりません。出願とは別に出願審査請求をする必要があります（48条の2）。なお、出願審査請求は、出願の日から3年以内に行わなければなりません（48条の3）。

3）出願公開制度

　特許出願は、出願日から1年6カ月を経過したら、すでに審査が終了して特許公報が出された出願を除いて、その出願内容を公開しなければなりません（64条1項）。

4）審査官による審査

　出願審査請求のあった出願は、審査官により特許要件の実体審査が行われます（47条）。審査官が特許要件を満たしていないと判断した場合には、出願人に対して拒絶理由が通知されます（50条）。これを受けて、出願人は、所定期間内に意見書の提出や手続きの補正を行うことができます。

5）審査の終了

　審査官は、特許要件を満たしていないという最終判断をした場合には、拒絶査定を行います（49条）。他方、拒絶理由がないと判断した場合には、特許査定を行います（51条）。

　なお、審査官の判断について不服がある場合には、審判の請求をすることができます。例えば、拒絶査定に対しては、その特許出願人が拒絶査定不服審判を請求できます（121条）。特許査定に対しては、第三者による特許無効審判請求ができます（123条）。

5 特許権の発生と消滅

特許権は、特許査定（51条）、特許料（第1年から第3年までの各年分）の納付または納付の免除もしくは猶予があったとき（66条2項）、設定登録によって発生します（66条1項）。他方、特許権は、原則として、特許出願の日から20年をもって終了します（67条1項）。

また、特許権は、特許料の支払いが存続の条件となります（107条1項）。この特許料を支払わなかった場合には、権利が消滅します。

6 特許法の定めに違反した場合の制裁、措置等

特許法は、196条から204条に罰則を規定しています。このうち、重要な規定をあげます。

特許権または専用実施権（以下、「特許権等」といいます）を侵害した場合には、10年以下の懲役もしくは1000万円以下の罰金、または併科となります（196条）。特許権等侵害とみなされる行為（101条）を行った場合には、5年以下の懲役もしくは500万円以下の罰金、または併科となります（196条の2）。また、特許法は、特許発明以外のものに特許表示またはこれと紛らわしい表示をすることを禁止していて（188条）、これに違反した場合には、3年以下の懲役または300万円以下の罰金となります（198条）。

なお、上記規定は、両罰規定であることから、法人、法人の代表者等も処罰の対象となります（201条）。

＜事例－1＞特許権侵害

> X社は、自動車の電気系統内の特殊部品を製造・販売する会社である。X社は、順調に業績を伸ばしてきたが、自動車業界の不振を受け、新規事業に乗り出すことにした。X社は、新規参入にあたり、既存業者の製品を参考にしつつ、自社製品を製造し販売を開始した。

ところが、Ｘ社は、既存業者Ｙ社から、Ｘ社が製造・販売している製品は、Ｙ社の特許権を侵害しているので直ちに製造・販売を中止するように警告を受けてしまった。

　そのため、Ｘ社の担当者がＹ社を訪問したところ、Ｙ社からライセンス契約の話を持ちかけられた。

　これは、特許権の侵害、ライセンス契約に関する事例ですが、特許権侵害かどうかは、特許権の効力が及ぶ範囲に関係しますので、特許権の効力について説明した後に、特許権の侵害、ライセンス契約について説明します。

１）特許権の効力

　「特許権」とは、特許権者が特許発明を業として独占実施できる権利です（特許法68条）。

　まず、「業として」とありますので、家庭的実施は含まれません。そのため、特許発明である本棚と同じ本棚を日曜大工で製作して自ら使用しても特許侵害とはなりません。

　次に、「実施」は、発明の種類によって３つ定義されています。

① **物の発明**（２条３項１号）

　物の発明にあっては、その物の生産、使用、譲渡等、輸出もしくは輸入または譲渡等の申出をする行為をいいます。

② **方法の発明**（２条３項２号）

　方法の発明にあっては、その方法の使用をする行為をいいます。

③ **物を生産する方法の発明**（２条３項３号）

　物を生産する方法の発明にあっては、その生産方法の使用のほか、その方法により生産した物の使用、譲渡等、輸出もしくは輸入または譲渡等の申出をする行為をいいます。例えば、ゴルフボールの製造方法に特許がある場合、その製造方法で製造したゴルフボールの販売行為についても特許権侵害が成立し得るのです。

以上のように、発明の種類によって実施の内容が異なることから、特許権の効力が及ぶ範囲が異なります。

2）特許権の侵害

「独占」とは、正当な権限なき第三者は特許権侵害として排除されることを意味します。したがって、権限なき第三者が事業として前記の実施を行った場合には特許権の侵害となります。また、直接的に実施を行わなかった場合でも、加担または幇助した場合には、特許権の侵害とみなされる場合があります（101条）。

特許権侵害があった場合の民事的救済方法は、次のとおりです。

① **差止請求権**（100条）

② **損害賠償請求権**（民法709条）

これには、特許法で損害額の推定（特許法102条）、過失の推定（103条）が規定されています。

③ **不当利得返還請求権**（民法703条）

④ **信用回復請求権**（特許法106条）

3）ライセンス契約

特許権者は、第三者に特許権を利用させることにより実施料を得ることができます。ライセンス形態には、次のような形態があります。

① **専用実施権**（77条）

専用実施権者は、特許権者から設定を受けた範囲内で、排他的に特許発明の実施をすることができます。この場合、特許権者もその範囲内で特許発明を実施することができなくなります（68条但書参照）。なお、専用実施権の設定には、登録が必要です（98条1項2号）。

② **通常実施権**（78条）

通常実施権者は、特許権者から設定を受けた範囲内で、特許発明の実施をすることができます。専用実施権と異なり排他的権利ではありません。

もっとも、ライセンス契約の際に被許諾者以外には通常実施権を許諾しないという特約を設けることで、独占的な通常実施権を受けることも可能です。

③ 特殊なライセンス形態「クロスライセンス」

これは、自らの特許発明の実施が他人の特許権を実施することとなるという関係（利用関係）が成り立つ場合（72条）に、その他人の許諾なしに実施することは特許権侵害となってしまうため、その他人とライセンスを許諾し合うライセンス形態のことをいいます。

＜事例－２＞職務発明

> Ｚ社は、精密機械を製造・販売する会社である。Ｚ社が日々新しい精密機械の開発に取り組んでいたところ、従業員であるＡが新たな精密機械を発明した。そこで、これを製品化しようとしたところ、Ａが発明料を支払わないことには、製品化を認めないと主張してきた。

「職務発明」とは、企業等に勤める従業員が、その仕事として発明した場合をいいます。他方、職務発明以外の発明を「自由発明」といいます。

職務発明と認められるためには、使用者等の業務範囲に属し、かつ、従業者等の現在または過去の職務に属することが必要です。

以下では、この職務発明について説明します。

前記３の１）のとおり、「特許を受けることができる」権利は発明者個人に帰属します。他方で、従業員は企業の研究設備を利用することで発明が可能となります。そこで、従業員の利益と企業の利益を調整するため、職務発明制度が規定されています（35条）。

職務発明制度の主な点としては、次のようなものがあります。

① 発明者が特許権を取得した場合には、使用者等は無償の通常実施権（特許発明を実施（２条３項）できる権利）を確保できます（35条１項）。

契約や就業規則により、特許を受ける権利をはじめから使用者等に帰属させることもできます（35条3項）。

② 使用者等は、従業者の特許を受ける権利等の予約承継を取り決めることができます（35条2項参照）。

③ 使用者等は、特許を受ける権利等を承継した場合に、経済産業省のガイドラインを踏まえ、発明者へ相当の対価を支払わなければなりません（35条4項、6項）。

なお、相当対価について、不合理性は対価を決定するための基準を策定する際の協議の状況、基準の開示の状況、従業員からの意見聴取の状況等を考慮して判断すること（35条5項）、対価について定めがない場合および不合理な場合には、使用者が受ける利益および使用者が行う負担、貢献、従業員の処遇等を考慮して相当の対価を算定すること（35条7項）と定められています。

 ## 商標法

1 商標法の趣旨と目的

事業者は、自己の取り扱う商品や役務に対して、マークや文字などをつけています。これにより自己の商品であることを示して使用し続けることで、業務上の信用が向上し維持されていきます。また、需要者もそのマーク等を信用して取引を行っています。

にもかかわらず、そのマークが第三者によって勝手に使用されてしまった場合には、円滑な経済活動が阻害されてしまいます。

そこで、「商標を保護することにより、商標の使用をする者の業務上の信用の維持を図り、もつて産業の発達に寄与し、あわせて需要者の利益を保護することを目的」（商標法1条）として、商標法が制定されています。

2 商標の定義、機能

1）定　義

「商標」とは、文字、図形、記号、立体的形状もしくは色彩またはこれらの結合、音その他政令で定めるもの（以下、「標章」といいます）であって、次に掲げるものをいいます。

① 業として商品を生産し、証明し、または譲渡する者が、その商品について使用をするもの（これを「商品商標」といいます）。

② 業として役務を提供し、または証明する者が、その役務について使用をするもの（これを「役務商標」といいます）。

2）機　能

商標は、その本質的な機能として「自他商品（役務）識別機能（以下、「識別性」といいます）」を有しています。すなわち、自らの商品（または役務）と他人の商品（または役務）とを区別するために用いられる標識となるのです。そのため、識別性が登録要件（商標法3条1項）となっています。

また、この識別性により、出所表示機能、品質保証機能、広告宣伝機能という経済的な機能を果たします。

3 登録要件

1）人的要件

商標は、自己の業務にかかわる商標でなければならず、他人に使わせる目的での登録を排除しています（商標法3条1項）。なお、商標法では、団体商標（7条）、地域団体商標（7条の2）が認められています。地域団体商標とは、地域名と商品名との組み合わせによるいわゆる「地域ブランド」で、例えば、夕張メロンや中津からあげ等があります。

2）識別要件

　商標には、前述したように「識別性」が要求されますから、識別性の認められない商標は登録できません。例えば、

- ・商品または役務の普通名称（商標法3条1項1号）
- ・商品または役務に慣用的に用いられている商標（同2号）
- ・商品の産地や品質などを表示する標章のみの商標（同3号）
- ・ありふれた氏などを表示する標章のみからなる商標（同4号）
- ・極めて簡単でありふれた標章のみからなる商標（同5号）

などです。

3）不登録事由

　識別性要件を備えた商標であっても、条約に違反したり、公益に反したり、他人の権利と抵触するなど、商標法4条1項各号に規定する場合には、商標登録を受けることができません。例えば、

- ・公序良俗に反する商標（商標法4条1項7号）
- ・他人の周知商標と類似する商標（同10号）
- ・他人の登録商標に類似する商標（同11号）
- ・他人の業務に係る商品または役務と混同を生じるおそれがある商標（同15号）
- ・商品または役務について品質誤認のおそれのある商標（同16号）

などです。

4）手続要件

　商標登録を受けるためには、商標登録出願をする必要があります（5条1項）。商標登録出願の際には、商標登録出願人の氏名または名称および住所または居所、商標登録を受けようとする商標、指定商品または指定役務ならびに商品および役務の区分を記載した願書を提出する必要があります（同各号）。また、出願は、一または二以上の商品または役務を政令で定める区分

に従って指定して、商標ごとにしなければなりません（6条1項、2項）。この区分は45区分ですが、複数の区分にわたって指定することができます。

4 商標権の効力

1）商標権の効力

＜事例－1＞

> 　最近設立されたアパレル会社Ｘ社は、自社ブランドとして表示していたブランド名が同業他社であるＹ社から商標権侵害であるとの指摘を受けた。
>
> 　Ｘ社としては、Ｙ社の商標を悪用するつもりなど全くなかったが、Ｙ社のブランド名に似ているから使用を中止しろと言われてしまった。

　商標権者は、指定商品または指定役務について登録商標を使用する権利を専有します（商標法25条）。これは、「専有権」または「使用権」と呼ばれる本来的な権利です。

　また、専有権を実効性あるものとするために、登録商標と類似範囲内にある商標の使用を禁止する効力が認められています（37条）。これは、「禁止権」と呼ばれています。

　これら商標権の効力をまとめると、商標権者は以下のような行為を禁止することができます。

① 　指定商品または指定役務に対して、登録商標を使用すること（これは、専有権であることから当然に認められます）

② 　指定商品または指定役務に対して、登録商標と類似する商標を使用すること

③ 　指定商品または指定役務に類似する商品または役務に対して、登録商標を使用すること

④ 　指定商品または指定役務に類似する商品または役務に対して、登録商

標と類似する商標を使用すること

　上記を反対の視点から見ると、登録商標、指定商品・指定役務のいずれか
が非類似である場合には、商標権侵害にはあたりません。
　なお、商標権侵害者に対しては、特許法と同様に、差止請求権、損害賠償
請求権、不当利得返還請求権、信用回復請求権が行使できます。

2）商標の類似と商品・役務の類似

　商標の類似と商品・役務の類似は、不登録事由としてもあげられています
が、商標権の侵害との関係でも問題となります。

①　商標の類似

　どのような場合に類似の商標といえるのかについては法律上明記されて
いませんが、外観、呼称、観念のうちいずれか1つが類似していれば「類
似」と判断されています。
　「外観類似」とは、視覚的に判断して類似している場合で、
「MITSUBOSHI」と「MITSUBISHI」がこの例です。
　「呼称類似」とは、聴覚的に判断して類似している場合で、「スチッパー」
と「スキッパー」がこの例です。
　「観念類似」とは、意味合いが類似している場合で、「パラダイス」と「楽
園」がこの例です。

②　商品・役務の類似

　商品同士、役務同士が類似する場合のほか、商品に類似する役務、役務
に類似する商品もあり得ます。

不正競争防止法

■1 不正競争防止法の趣旨と目的

資本主義社会である日本においては、各企業が自由に競争することができるというのが原則です。

しかし、だからといって、他社が長い時間をかけて信用を得たブランド力にフリーライド（ただ乗り）して偽ブランド商品を売ったり、他社が研究を重ねて取得した営業秘密を不正に取得したりするアンフェアな行為は、国民経済の健全な発展を阻害するものであり、許されません。

そこで、このようなアンフェアな行為を規制し、営業・競争の公正を確保するため、不正競争防止法が制定されました。この法律は、「事業者間の公正な競争及びこれに関する国際約束の的確な実施を確保するため、不正競争の防止及び不正競争に係る損害賠償に関する措置等を講じ、もって国民経済の健全な発展に寄与する」ことを目的としています（不正競争防止法1条）。

■2 不正競争防止法の基本的な内容

不正競争防止法は、民法の不法行為法（民法709条以下）の特則にあたります。民法の不法行為は、事後的な損害賠償請求が基本で、事前の差止請求は容易に認められません。これでは、被害者の実質的な救済が難しいため、事前差止請求のできる不正競争防止法の存在意義があります。

以下、不正競争防止法における主な規制を説明します。

1）商品等表示混同惹起行為

周知性のある他人の商品等表示と同一もしくは類似する商品等表示を使用等（具体的には、使用、またはその商品等表示を使用した商品の譲渡、引渡し、譲渡・引渡しのための展示、輸出、輸入等）することにより、他人の商

品または営業と混同を生じさせる行為は、不正競争となります（不正競争防止法2条1項1号）。

① 商品等表示

　ここで、「商品等表示」とは、商品の出所または営業の主体を示す表示をいい、具体的には、人の業務に係る氏名、商号、商標、標章、商品の容器もしくは包装その他の商品または営業を表示するもののほか、裁判例では、商品形態（例えば、バラの形のチョコレート）も商品等表示に該当するとされています。

② 周知性

　商品等表示は、需要者の間に広く認識されていることが必要となります（これを周知性といいます）。もっとも、周知の場所的範囲は、一地域で周知性があれば足り（例えば、京都市伏見区およびその周辺地域）、全国的に周知である必要はありません。また、周知の人的範囲は、必ずしも消費者一般に周知である必要はなく、卸売業者や小売業者などの間で周知である場合も含まれると解されています。

③ 類似性

　類似性は、「取引の実情のもとにおいて、取引者、需要者が、両者の外観、称呼、又は観念に基づく印象、記憶、連想等から両者を全体的に類似のものとして受け取るおそれがあるか否か」を基準に判断されます（日本ウーマン・パワー事件、最判昭和58（1983）年10月7日、民集37巻8号1082頁）。

④ 混同のおそれ

　他人の商品等表示を利用していたとしても、需要者がそれを他人の商品等表示と誤認・混同するおそれがない場合は、1号の不正競争は成立しません。

　「混同のおそれ」とは、狭義には、出所を同一と思わせる混同（狭義の混同）だけでなく、両者に何らかの関係が存するのではないかと思わせる混同（広義の混同）も含まれるとされています。したがって、親子会社な

いし系列会社だと誤認させるおそれがある場合等も、混同のおそれに含まれることになります。

⑤ **適用除外**

普通名称や慣用表示、自己の氏名を使用する場合等、一定の場合には、本号の不正競争にはなりません（19条1項1号ないし3号）。

2）著名表示冒用行為

自己の商品等表示として、他人の著名な商品等表示と同一または類似のものを使用等する行為は、不正競争となります（2条1項2号）。

① **著名性**

本号で保護されるためには、第1号の「周知」よりもハードルが高く、「著名」でなければなりません（著名性）。その代わり、第1号の場合と異なり、「混同」の要件は不要です。

② **類似性**

本号の類似性も、第1号の場合と同様、取引の実情のもとにおいて、全体的に類似のものと受け取るおそれがあるか否かを基準として判断するとした裁判例があります（アリナビッグ事件、大阪地判平成11（1999）年9月16日）。

③ **適用除外**

第1号の場合と同様、一定の場合には、不正競争になりません（19条1項1号、2号、4号）。

3）営業秘密の不正取得等

窃取、詐欺、強迫その他の不正の手段により営業秘密を取得する行為または不正取得行為により取得した営業秘密を使用し、もしくは開示する行為（秘密を保持しつつ特定の者に示すことを含みます）は、不正競争となります（2条1項4号）。

① 営業秘密

　不正競争防止法での「営業秘密」とは、秘密として管理されている（ⅰ.秘密管理性）、生産方法、販売方法その他の事業活動に有用な技術上または営業上の情報（ⅱ.有用性）であって、公然と知られていないもの（ⅲ.非公知性）をいいます。

　例えば、製造技術、ノウハウ、設計図、実験データ、顧客名簿、販売マニュアル等が考えられます。

　以下、ⅰ）からⅲ）まで詳述します。

　ⅰ）秘密管理性

　「秘密管理性」とは、客観的に秘密として管理されていると認められる状態をいいます。例えば、情報が記載されているノートの表紙に「部外秘」と記載し、施錠した机に保存しておく場合や、情報が保存してあるパソコン内のファイルにアクセス制限を設け、外に漏れないようにしておく場合のように、その情報が秘密であることが客観的に認識できるように管理しておく必要があるとされています（大阪地判平成12（2000）年7月25日、大阪地判平成11（1999）年9月14日）。

　ⅱ）有用性

　「有用性」とは、文言どおり、当該情報が事業活動に有用な情報であるということです。したがって、製品の設計図、試験データ、顧客名簿、仕入価格一覧等だけでなく、過去に失敗した実験データ等（いわゆるネガティブ・インフォメーション）も、当該情報を利用して研究開発費を節約できるというメリットがあるため、有用性を満たす場合があります。もっとも、役員の個人的スキャンダルや、会社の脱税等の情報は、有用性が認められません。

　ⅲ）非公知性

　「非公知性」とは、当該情報が未公刊・未発表であるなど、情報保有者の管理外では当該情報を入手できない状態にあることをいいます。したがって、刊行物に記載されてしまった場合は、非公知性を欠くことに

なります。また、刊行物に記載された内容に基づいて容易に理解、実施し得る程度のものは非公知であったということはできないとした裁判例もあります（大阪高判平成13（2001）年7月31日）。

② **不正取得**

本号では、「不正の手段」として、窃取、詐欺、強迫をあげましたが、その他の不正の手段としては、営業秘密を保存しているパソコンにインターネットを通じてハッキングして情報を取得するような行為が考えられます。

なお、市販品の調査・研究（リバース・エンジニアリング）によって市販品に利用されている営業秘密に関する事項を得る行為（具体的には、市販品を分解等することにより、その仕組みを知ること）は、「不正の手段」にはあたらないと考えられています。

③ **営業秘密に関するその他の不正競争**

営業秘密については、上記の不正取得だけでなく、次の行為も不正競争とされています（2条1項5号～10号）。

・営業秘密について、不正取得行為が介在したことに悪意重過失で、当該営業秘密を取得し、またはその営業秘密を使用もしくは開示する行為（同5号）

・営業秘密を取得した後に、不正取得行為が介在していたことについて悪意重過失となった場合に、その取得した営業秘密を使用もしくは開示する行為（同6号）

・営業秘密を保有する事業者（保有者）から営業秘密を示された場合において、不正の利益を得る目的で、またはその保有者に損害を与える目的で、その営業秘密を使用または開示する行為（同7号）

・営業秘密について不正開示行為であることもしくはその営業秘密について不正開示行為が介在したことについて悪意重過失で、当該営業秘密を取得し、または当該営業秘密を使用もしくは開示する行為（同8号）

・営業秘密を取得した後に、その営業秘密について不正開示行為があった

こともしくはその営業秘密について不正開示行為が介在したことについて悪意重過失となった場合に、その取得した営業秘密を使用または開示する行為（同9号）

・上記各行為のうち技術上の秘密の使用行為により生じた物を譲渡し、引き渡し、譲渡もしくは引渡しのために展示し、輸出し、輸入し、または電気通信回線を通じて提供する行為（同10号）

2019年7月1日に施行された改正不正競争防止法では、営業秘密だけではなく、限定提供データに関する規定が創設されました。限定提供データとは、例えば、消費動向データ、人流データ、判例データベースなどです。改正により、限定提供データについても、営業秘密と同様の行為が不正競争行為として位置付けられることになりました。

④　適用除外

営業秘密を取引によって取得した者は、取得時に善意無重過失であれば、取引によって取得した権原の範囲内において、その営業秘密を使用・開示することができます（19条1項6号）。

3 不正競争防止法の定めに違反した場合の民事上の請求、刑事罰等

1）差止請求

不正競争によって営業上の利益を侵害された（または侵害されるおそれがある）者は、その営業上の利益を侵害する者（または侵害するおそれがある者）に対して、その侵害の停止（または予防）を請求することができます（3条1項）。

また、侵害の行為を組成した物や侵害の行為により生じた物の廃棄、侵害の行為に供した設備の除去等を請求することもできます（同2項）。

これらを総称して、「差止請求権」といいます。

2）損害賠償請求

故意または過失により不正競争を行って、他人の営業上の利益を侵害した

者は、これによって生じた損害を賠償する責任を負います（4条本文）。

　民法上の不法行為と異なる点は、例えば、侵害者が得た利益相当額を被害者の損害額と推定する規定（5条2項）のように、損害額について推定規定が設けられているところです（5条）。

3）刑事罰

①　営業秘密に関する不正競争行為のうち、一定の行為については、10年以下の懲役もしくは2000万円以下の罰金、または併科されます（21条1項）。なお、限定提供データに関する不正競争行為については、刑事罰は科されません。

　　以下に一部を紹介します。

・不正の利益を得る目的で、またはその保有者に損害を与える目的で、詐欺等行為（人を欺き、人に暴行を加え、または人を脅迫する行為）または管理侵害行為（財物の窃取、施設への侵入、不正アクセス行為など）により、営業秘密を取得した者（同1号）

・詐欺等行為または管理侵害行為により取得した営業秘密を、不正の利益を得る目的で、またはその保有者に損害を与える目的で、使用し、または開示した者（同2号）

②　次の行為を行った者などについては、5年以下の懲役または500万円以下の罰金、または併科されます（21条2項）。

・不正の目的をもって、商品等表示混同惹起行為（2条1項1号の行為）を行った者（21条2項1号）

・他人の著名な商品等表示に係る信用もしくは名声を利用して不正の利益を得る目的で、または当該信用もしくは名声を害する目的で著名表示冒用行為（2条1項2号の行為）を行った者（21条2項2号）

③　法人の従業員等が法人の業務に関して上記行為等を行った場合は、その法人に対しても、①については5億円以下、②については3億円以下の罰金を科せられます（両罰規定、22条1項）。

<事例－1>

> X社は、バッグや時計等を製作・販売する株式会社であり、「X」という名称はバッグや時計の高級ブランドとして世界的に知られている。
>
> ここで、Aは、ポルノショップを始めるにあたり、XのブランドXのブランド力を利用して集客しようと考え、「X・ポルノ」という店名で、ポルノショップを始めた。

この事例の場合、Aの行為は不正競争となるのでしょうか。

まず、商品等表示混同惹起行為（2条1項1号）となるかを検討します。

本件の「X」が、X株式会社の営業を表示するものであり、世界的に知られていることから、「X」に周知性が認められます。また、「X・ポルノ」の「X」と同一であるといえます。

しかし、X社は、バッグや時計の高級ブランドとして知られており、ポルノショップを展開するとは考えられません。

そうすると、「混同のおそれ」がないため、不正競争のうちの商品等表示混同惹起行為にはあたらないことになります。

そうだとしても、本件「X」は、X株式会社の営業を表示するものとして「著名性」も満たしますので、著名表示冒用行為（2条1項2号）として、不正競争に該当します。

したがって、X社は、Aに対して「X・ポルノ」という店名の使用の差止請求ができ、被った損害について損害賠償請求もできます。

また、Aは、5年以下の懲役または500万円以下の罰金が科される可能性があります。

金融商品取引法

1 金融商品取引法の目的と施行までの経緯

　金融商品取引法は、2007年9月30日に証券取引法等を改正する形式で施行されました。以下では、そのような金融商品取引法の目的を確認したうえで、改正が必要になった経緯を説明していきます。

1）金融商品取引法の目的

　インターネットの普及により、株式を発行する企業情報をはじめ、さまざまな金融商品に関する情報を簡単に迅速に手に入れられるようになりました。そして、その金融商品に魅力を感じれば、ネットを通じて簡単にその金融商品に投資することができます。

　しかし金融商品は、一般の売買取引などと異なり、元本割れのリスクがあるうえ、「金融商品を発行する企業について開示されている情報」と、「市場で形成されている価格」だけを材料にして、投資家が自己の責任で取引をするかどうかの判断をしなければなりません。このような取引を安心して行うためには、市場での価格形成が公正に行われることが前提となります。また、金融商品を発行する企業に関する情報が、迅速で正確に、しかも公平に開示されていることが必要となります。

　そこで、金融商品取引法は、株式や債券といった有価証券およびデリバティブ取引を含むさまざまな金融商品について開示制度、取扱業者に関する規制等を定めることにより以上の要求を満たすべく、「国民経済の健全な発展」および「投資者の保護」を目的として制定されました（金融商品取引法1条）。

2）金融商品取引法施行の背景

　金融商品取引法は、証券取引法をベースとして2007年9月30日に施行され

ました。背景には、法の隙間を突く金融商品が相次ぎ、投資家が被害を受けるケースが続いていたことから、幅広い金融商品について、包括的・横断的な利用者保護の環境整備が必要不可欠となっているという状況がありました。そこで、このような状況を改善するため、横断的な利用者保護ルールを定める金融商品取引法が成立し、施行されることとなったのです。

2 金融商品取引法の基本的な内容

金融商品取引法の内容は、①投資性の強い金融商品を幅広く対象とする横断的な利用者保護法制の構築、②開示制度の充実、③取引所の自主規制業務の適正な運営の確保、④不公正取引等への厳正な対応、の4つの柱からなります。以下では、これら4点について説明していきます。

1）投資性の強い金融商品を幅広く対象とする横断的な利用者保護法制の構築

① 規制対象商品の横断化

前提として、金融商品取引法の対象となるのは「有価証券」・「デリバティブ取引」等の「金融商品」です（2条24項）。そして、金融商品取引法では、集団投資スキーム（いわゆるファンド）の持分を包括的に有価証券とみなすなど、規制対象商品である「有価証券」の範囲を拡大しました（2条1項、2項）。また、規制対象となる「デリバティブ取引」の範囲についても、証券取引法の対象となっていた取引に加えて、金融先物取引法の対象となっていた取引（いわゆるFXと呼ばれる外国為替証拠金取引など）も含むとされました（2条20項〜23項）。

② 規制対象業種の横断化

金融商品取引法では、規制対象業種について、従来の「証券業」のほかに、幅広い業種について横断的に規制されることとなりました。さらに、業務内容に関しても、有価証券・デリバティブ取引の「販売・勧誘」業務のほか、「投資助言」「投資運用」および「顧客の資産管理」についても登

録制とすることにより、横断的に行為規制を整備しています（2条8項、29条）。

　また、2017年の改正により、「高速取引」についても登録制とし、体制整備等が行われています。

2）開示制度の充実

① 上場会社の企業情報の開示

　「企業情報の開示」とは、最近よく耳にする「ディスクロージャー」のことです。正確な企業情報がタイムリーに報告されていなければ、事実を知らないことから、投資家は損害を被ることになります。ですから、取引が公正に行われるようにするために、企業に有価証券報告書などの作成や公開が義務付けられています（24条、25条）。

　また、2017年の改正により、上場会社が公表されていない重要な情報を金融商品取引業者、投資家等に伝達する場合、インターネット等を利用し、当該情報を公表することが義務付けられました（27条の36〜27条の38）。

② 公開買付け制度（TOB）

　公開買付け（TOB）とは、「不特定かつ多数の者に対し、公告により株券等の買付け等の申込み又は売付け等の申込みの勧誘を行い、取引所金融商品市場外で株券等の買付け等を行うこと」を言います（27条の2第6項）。公開買付け制度は、株主・投資家に対して透明性・公正性を確保するための制度です。具体的には、取引市場外で株式を大量に買い付けようとする買付け者に対して、新聞またはインターネットで買付期間・数量・価格などをあらかじめ開示するよう義務付けることにより、既存の株主が買付けに応じるべきか否かを合理的に判断できるようにして、公平に売却の機会を与えるものです。なお、重要な事項について虚偽記載のある公開買付届出書（27条の3）を提出した場合には、刑罰が定められています（197条1項3号）。

信託業法	信託受益権		
抵当証券法	抵当証券	有価証券	金融商品
商品ファンド法	商品ファンド		取引法
証券取引法	国　債		
	地方債		
	社　債		
	株　式		
	投資信託		
	有価証券に関するデリバティブ取引(限定列挙)など	さまざまなデリバティブ取引	
金融先物取引法	金融先物		
	外国為替証拠金取引など		

③　大量保有報告制度

　大量保有報告とは、上場企業の株式を発行済み株式の5％以上保有した際に、金融庁、証券取引所などに保有株数、資金の出所などを記載した書類（大量保有報告書）の届け出を義務付けた制度です（27条の23）。大量保有報告制度は、不当な買い占めなどを防止し、一般投資家を保護するためにつくられたもので、一般的に「5％ルール」と呼ばれています。

3）取引所の自主規制業務の適正な運営の確保

　金融商品取引所では、取引所取引の公正性・透明性を確保することにより投資家保護を実現するために、「自主規制業務」を適切に行わなければならないとされています（84条）。このような自主規制業務の適正な運営を確保するため、金融商品取引法では、自主規制業務を「自主規制法人」に委託することが認められています（85条）。

4） 不公正取引等への厳正な対応

公正で円滑な取引が行われるために、金融商品取引法では、課徴金による規制の実効性確保のほか、以下のように刑事罰によってさまざまな不公正な取引を禁止しています。

① インサイダー取引の禁止

インサイダー取引とは、「会社関係者が、上場会社等に係る業務等に関する重要事実の発生後、公表される前に、重要な事実を知りながら、その会社の株式など特定の有価証券を売買すること」をいいます（166条）。

会社関係者は一般投資家と比べると、会社の株価に重大な影響を与えるような情報を入手しやすい立場にあるため、情報が公開される前にその取引が自由にできるとすると、一般投資家に比べ有利な立場で取引できるようになります。こうした取引が放置されると、市場の公平性・健全性を損ない、一般投資家の利益を害することになることから、このような取引は禁止されています。なお、インサイダー取引を行った者は、5年以下の懲役もしくは500万円以下の罰金、または併科されることとなります（197条の2第13号）。また、2013年の改正によりさらに規制が強化され、インサイダー取引者に対し未公表の重要事実を伝達（漏洩）した者も、一定の要件のもとで同様の処罰対象となります（167条の2、197条の2第14号、同第15号）。

② 相場操縦行為の禁止

相場操縦とは、株式や債券などの相場を人為的に上下させることによって、自己の利益を得ようとするものです（159条）。具体的には、同一の投資家が同じ企業の株式に同時に売りと買いの注文を出し、権利の移転を目的としない仮装の売買を行う「仮装売買」（同条1項1～3号）や、他者と通謀して同様の行為を行う「馴合売買」（同項4～8号）などがこれにあたります。なお、この規定に違反した場合には10年以下の懲役もしくは1000万円以下の罰金、または併科されることとなります（197条1項5号）。

③　風説の流布等の禁止

　最近、インターネット上の掲示板やチャットを使い、会社に関してさまざまな情報が流れています。株価を動かす目的で、事実と異なる情報を流すことや合理的な根拠のない情報を流すことは「風説の流布」にあたり、禁止されています（158条）。なお、この規定に違反した場合にも10年以下の懲役もしくは1000万円以下の罰金、または併科されることとなります（197条1項5号）。

＜事例－1＞インサイダー取引

> 　自動車の開発・販売を主な業務としている上場会社V社の営業部に所属する社員Aは、上司であるV社の代表取締役社長Bに食事に誘われた。その席上で、Aは、Bから、「まだ公表できないが、研究部が長年進めていた太陽電池の研究が実を結びそうだ。来年末には、我が社で実用的なソーラーカーの販売が可能となるだろう。ソーラーカーの実用化が現実のものとなれば我が社の業績は大幅に上昇する。今から楽しみだ」と聞かされた。そこで、Aは、ソーラーカーの販売が公表される前に、V社の株式を大量に取得しておいた。このような場合にAの株式取得はインサイダー取引にあたるか。

　まずAはV社の一般社員ですが、金融商品取引法は「従業者」（166条1項1号）と規定しているので、インサイダー取引を禁じられる者にあたります。
　次に、実用的なソーラーカーが販売予定であるという事実は、「会社等の運営、業務又は財産に関する重要な事実であつて投資者の投資判断に著しい影響を及ぼすもの」（166条2項4号）なので、「重要事実」（166条1項）にあたります。そしてAはソーラーカーの販売が公表される前に株式を取得しています。以上を踏まえれば、Aの株式取得はインサイダー取引となります。

＜事例－２＞公開買付け制度（TOB）

> 　W社は、上場会社であるX社の株式の取得を意図している。取得方法として、３月15日にX社株式の30％を市場外で取得し、５月16日に市場にて５％の同社株式を取得する予定である。

　金融商品取引法の前身である証券取引法では、公開買付けの対象となるのは、株券等所有割合が３分の１を超える市場外の買付けのみでした。これによれば、＜事例－２＞のW社は、公開買付け手続きを経ることなく株式を取得できることになります。しかし、これでは公開買付け制度が骨抜きになってしまいます。そこで、金融商品取引法においては、公開買付け制度の適用は原則として市場外の取引についてのみであるが、例外的に３カ月以内の市場内外の買付け等を併せて買付け後の株券等所有割合が３分の１を超える買付け等についても、TOB規制の適用がある、とされることとなりました（27条の２第１項第４号、金融商品取引法施行令７条２項）。

　したがって、＜事例－２＞の取引では、W社は、２カ月間で上場会社X社の株式の35％を取得することになるので、公開買付け制度の規制に服さなければなりません。よって、W社は、買付け期間・数量・価格などを公告していなければ、刑罰が科されることになります（197条の２第４号参照）。

＜事例－３＞風説の流布

> 　Y社の株主であるCは、Y社の株価が上がれば儲かると思い、Y社の株価を上昇させる目的で、Z社の取締役Dとは面識がないにもかかわらず、ネット上に「知り合いのZ社の取締役Dに聞いたが、Y社はZ社を買収する予定らしい」という内容の書き込みをした。これは金融商品取引法で禁止されている「風説の流布」（158条）にあたるか。

CはY社と直接的なかかわりはありませんが、「風説の流布」を禁止する金融商品取引法158条は「何人も」としているため、「風説の流布」を行うことを禁止される者にあたります。そして、インターネットの書き込みのように手軽にできるものであっても「風説の流布」にあたります。さらに、CにはY社の株価上昇という目的があります。

　よって、Cの行為は「風説の流布」（158条）にあたり、刑罰が科されることとなります（197条1項5号）。

 個人情報保護法

1 個人情報保護法の趣旨と目的

　個人情報は、企業の営業等において有用性が高いものである反面、その個人情報が悪用されれば個人のプライバシーや財産等が侵害される危険があります。特に、高度に情報処理技術が発達した今日では、大量の個人情報の瞬時のやりとりや加工・利用が可能になり、適切に取得・管理・利用されなければ個々人は多大な損害を被ります。

　個人情報保護法（「個人情報の保護に関する法律」）は、このように事業者が個人情報を利用する有用性に配慮しつつ、個々人のプライバシー等の侵害を防止する目的で制定されています（個人情報の保護に関する法律1条）。

2 個人情報保護法の基本的な内容

　個人情報保護法は、個人情報取扱事業者が、個人情報の「取得」「利用」「管理」「提供」等の場合に、それぞれ適切に行われるよう規制しています（個人情報保護法の解釈等については、個人情報保護委員会が「ガイドライン」を策定しています）。

　・取　　得…………①利用目的の特定

　　　　　　②適正な手段による取得

　　　　　　③利用目的の通知または公表

・利　　用…………①目的外利用の制限

・管　　理…………①内容の正確性の確保

　　　　　　②安全管理措置

　　　　　　③従業者・委託先の監督

・第三者提供……①事前の本人同意の原則

　個人情報保護法に違反する行為に対しては、民事上の責任、行政上の責任、刑事上の責任のそれぞれが科される可能性があります。

　例えば、個人情報が流出し、それによって識別される個人のプライバシーが侵害された場合、企業は個々の被害者に対する損害賠償責任を負う可能性があります。また、流出した個人情報が取引先から委託を受けて管理するものであった場合には、その取引先に対しても損害賠償責任を負い、契約を打ち切られる可能性もあります。

　以上のような民事上の責任のほかに、企業は個人情報保護委員会から、違反行為の中止や是正に必要な措置をとるよう、勧告や命令を受けることがあります（145条）。命令に違反した場合には、刑罰（1年以下の懲役または100万円以下の罰金）を科されることもあります（173条。両罰規定について179条1項1号）。

　その他、個人情報保護委員会は、個人情報取扱事業者に対し、必要な限度で個人情報に関する報告を徴収することができ（143条1項）、これに対して求められた報告をせず、あるいは虚偽の報告をした場合には、50万円以下の罰金が科されます（177条1号。両罰規定について179条1項2号）。

3 個人情報の取得、利用

<事例－1＞

> X社は、会社の営業上、顧客の電話番号やメールアドレスなどを取得し、商品に関する連絡やリピート営業用に利用している。

　この事例では、「顧客の電話番号やメールアドレス」といった情報が、1）「個人情報」にあたり、「X社」が2）「個人情報取扱事業者」である場合には、その個人情報の取得時や利用時に個人情報保護法の法的規制を受けます。以下、それぞれ説明していきます。

1）「個人情報」とは

　個人情報保護法によって保護される「個人情報」は、氏名・生年月日その他の記述等により、生存する特定の個人を識別することができる情報のことです。他の情報と容易に照合することができ、それにより特定の個人を識別できるものを含むとされています（2条1項1号）。他人に知られたくないものなのか、公知の事実なのかといった、情報の内容には関係ありません。個人識別性が基準となります。

　例えば、会社に備えてある社員名簿、株主名簿のようなものでも、個人識別性がありますから個人情報にあたります。

　以上を踏まえて＜事例－1＞について検討すると、顧客の電話番号やメールアドレスであっても、個人名や所属の表示等と相まって特定の個人を識別できる場合には、個人情報に該当する場合があります。

　なお、個人識別符号（特定の個人の身体の一部の特徴をコンピュータで利用するために変換した文字、番号、記号その他の符号であって特定の個人を識別できるものや、特定の利用者もしくは購入者または発行を受ける者ごとに異なるものとなるように割り当てられた文字、番号、記号その他の符号）

が含まれるものも個人情報にあたります（2条1項2号、2条2項）。例えば、マイナンバー、基礎年金番号、パスポート番号などが該当します。

2）「個人情報取扱事業者」であること

しかし、このような個人情報を扱う場合に、すべて個人情報保護法の義務規定が適用されるわけではありません。「個人情報取扱事業者」にのみ直接適用されます。

この「個人情報取扱事業者」とは、個人情報データベース等を事業の用に供している者のことです（16条2項）。なお「個人情報データベース等」とは、個人情報を含む情報の集合物であって、特定の個人情報をコンピュータ等によって容易に検索できるよう体系的に構成したものをいいます（16条1項）。例えば、メールソフトのアドレス帳や携帯電話の電話帳なども個人情報データベース等にあたります。また、コンピュータを使用していなくても、五十音順に整理し、インデックスを付してファイルしている登録カードなど、紙媒体であっても個人情報データベース等にあたります。

以上を踏まえて＜事例−1＞について検討すると、X社が、電話番号やメールアドレスを個人名や所属の表示等と併せて特定の個人を識別できる個人情報データベース等を作成している場合は、その情報をリピート営業用に利用している（事業の用に供している）ため、個人情報保護法の適用を受けることとなります。

3）個人情報取得時の法的規制

個人情報取扱事業者にあたる場合には、次のような法的規制を受けます。

① 不正の手段による個人情報の取得の禁止（20条）

「不正の手段」とは、犯罪行為と同視できるような、違法行為、不適正な手段、方法のような場合です。騙す、脅迫する、利用目的を偽るといった手段によって情報を取得することは禁止されます。

② できる限り利用目的を特定すること（17条1項）

③　あらかじめ利用目的を公表している場合を除き、原則として、取得後
　　速やかに利用目的を本人に通知し、または公表すること（21条1項）

　個人情報取扱事業者は、個人情報を取得する際、あらかじめ個人情報取得の目的を明示して本人から同意を得ることまでは要求されていません。

　個人情報取扱事業者があらかじめ利用目的を公表していれば足ります。具体的には、ウェブサイト上のプライバシーポリシーの掲載、事業所窓口での掲示・備付けを継続的に行うことなど、不特定多数人に広く知らせる方法を講じることによって公表することが考えられます。このような公表をしていない場合でも、個人情報の利用目的を文書等で通知をしておけばよいとされています。

　ただし、契約締結時に契約書等の書面によって個人情報を取得する際には、あらかじめ本人に対し、その利用目的を明示しなければならないとされていますので、注意が必要です（21条2項本文）。なお、人の生命、身体または財産の保護のために緊急に必要があるような場合には、利用目的の明示がなくても違法とはなりません（同項但書）。

4）個人情報利用時の法的規制

　個人情報取扱事業者にあたる場合、利用時には、さらに次のような法的規制を受けます。

　個人情報は、特定された利用目的達成に必要な範囲でのみ利用が認められます。これを超えて利用することは、本人の同意がない限り、原則として認められません（18条1項）。例外的に、法令に基づく場合や、人の生命、身体または財産の保護のため必要がある場合で、本人の同意を得ることが困難であるときなどには、本人の同意がなくても目的外利用が認められます（18条3項）。

　利用目的を変更した場合には、変更された利用目的について、本人に通知し、または公表しなければなりません（21条3項）。この利用目的の変更については、変更前の利用目的と関連性を有すると合理的に認められる範囲を

超えて行うことはできないとされています（17条2項）。

4 個人情報の管理

＜事例－2＞

> 個人情報取扱事業者であるＹ社では、顧客データの処理を業者Ａ
> へ委託している。しかし、業者Ａにおいては、業務の効率性を重視
> して、社内の誰もがこの顧客データにアクセスできるようになって
> おり、Ｙ社もそれを知りながら特に注意をしていなかった。

1）安全管理措置等

　個人情報取扱事業者は、その取扱個人データの漏洩、滅失またはき損の防
止その他の個人データの安全管理のため必要かつ適切な措置を講じなければ
なりません（23条）。個人情報の取扱いを従業員や委託先に任せる場合には、
それらの者への監督等の措置をとる必要があります（24条、25条）。

　個人情報保護委員会ガイドラインによると、必要かつ適切な措置として、
「組織的安全管理措置」「人的安全管理措置」「物理的安全管理措置」「技術的
安全管理措置」をあげています。

　　・組織的安全管理措置………安全管理について、従業者の責任と権限を明
　　　　　　　　　　　　　　　確に定めて組織体制を整備し、規程や手順書
　　　　　　　　　　　　　　　を整備運用し、その実施状況の確認ができる
　　　　　　　　　　　　　　　ようにする。
　　・人的安全管理措置…………従業者に対する個人データの取扱いに関する
　　　　　　　　　　　　　　　留意事項について、従業員に定期的な研修等
　　　　　　　　　　　　　　　を行い、個人データについての秘密保持に関
　　　　　　　　　　　　　　　する事項を就業規則等に盛り込む。
　　・物理的安全管理措置………入退室の管理、個人データの盗難防止等の措
　　　　　　　　　　　　　　　置をとる。

・技術的安全管理措置………個人データやそれを取り扱う情報システムへのアクセス制御、不正ソフトウェア対策、情報システムの監視等を行う。

　以上を踏まえて＜事例－２＞についてみると、業者Ａにおいては、業務の効率性を重視して、社内の誰もがこの顧客データにアクセスできるようになっており、それを知るＹ社も特に注意をしていなかったのですから、個人情報に関する必要かつ適切な安全管理措置もその監督等の措置も十分なされているとはいえません。

２）苦情の適切かつ迅速な処理

　個人情報取扱事業者は、個人情報の取扱いに関する苦情の適切かつ迅速な処理に努め、その目的を達成するために必要な体制の整備に努めなければなりません（40条）。

5 個人情報の訂正

　個人情報取扱事業者は、利用目的達成に必要な範囲内において、個人データを正確かつ最新の内容に保つよう努めなければなりません（22条）。そして、本人が識別される保有個人データについては、本人から情報の開示や訂正、利用停止を請求された場合、原則としてそれに応じなければなりません（33条〜35条）。

6 第三者提供の制限

＜事例－３＞

　Ｚ社では、業務の都合上、会社で扱う個人情報のデータを外部の業者Ｂに提供することとなった。本人には事後的に通知することにした。

個人情報取扱事業者が、以下 1)「第三者」に情報を提供する場合には、2)事前の本人同意の原則があります。もっとも、3) 例外として、特定の場合には本人の同意は不要ですが、そのような特定の場合にあたらなくても、4) オプトアウトの方式によれば、本人の同意は不要となります。

1)「第三者」とは

　「第三者」とは、提供しようとする事業者と本人のいずれでもない者をいいますが、その提供先が事業者と一体的な関係にあるような場合にまで、「第三者」にあたると考える必要はありません。

　そこで、個人情報保護法27条 5 項は、次のような場合、「第三者」にあたらないとしています。

①　利用目的の達成に必要な範囲内において、個人データの取扱いを委託する場合
②　合併等の事業承継に伴い、個人データが提供される場合
③　グループ企業内等における共同利用の場合（共同利用者の範囲や利用目的等をあらかじめ明確にしている場合に限ります）

2)　事前の本人同意の原則

　個人情報取扱事業者は、一定の例外的な場合を除き、原則として、あらかじめ本人の同意を得ずに個人データを第三者に提供することが禁止されています（27条 1 項柱書）。

3)　例　外

　ただし、第三者提供にあたるときでも、27条 1 項各号は次のような場合、例外的に本人の同意を不要としています。

①　法令に基づく場合
②　人の生命、身体または財産の保護のために必要がある場合であって、本人の同意を得ることが困難であるとき

③　公衆衛生の向上または児童の健全な育成の推進のために特に必要がある場合であって、本人の同意を得ることが困難であるとき

④　国の機関もしくは地方公共団体またはその委託を受けた者が法令の定める事務を遂行することに対して協力する必要がある場合であって、本人の同意を得ることにより当該事務の遂行に支障を及ぼすおそれがあるとき

⑤　当該個人情報取扱事業者が学術研究機関等である場合であって、当該個人データの提供が学術研究の成果の公表または教授のためやむを得ないとき（個人の権利利益を不当に侵害するおそれがある場合を除く）

⑥　当該個人情報取扱事業者が学術研究機関等である場合であって、当該個人データを学術研究目的で提供する必要があるとき（当該個人データを提供する目的の一部が学術研究目的である場合を含み、個人の権利利益を不当に侵害するおそれがある場合を除く）（当該個人情報取扱事業者と当該第三者が共同して学術研究を行う場合に限る）

⑦　当該第三者が学術研究機関等である場合であって、当該第三者が当該個人データを学術研究目的で取り扱う必要があるとき（当該個人データを取り扱う目的の一部が学術研究目的である場合を含み、個人の権利利益を不当に侵害するおそれがある場合を除く）

４）オプトアウト

上記の例外にあたらない場合であっても、オプトアウトという方式（27条2項）によれば、本人の同意を得ていなくても、第三者提供が認められます。この方式が認められるためには、

①　第三者への提供を行う個人情報取扱事業者の氏名または名称および住所並びに法人にあっては、その代表者（法人でない団体で代表者または管理人の定めのあるものにあっては、その代表者または管理人）の氏名

②　第三者への提供を利用目的とすること

③　第三者に提供される個人データの項目

④　第三者に提供される個人データの取得の方法

⑤　第三者への提供の方法

⑥　本人の求めに応じて当該本人が識別される個人データの第三者への提供を停止すること

⑦　本人の求めを受け付ける方法

⑧　その他個人の権利利益を保護するために必要なものとして個人情報保護委員会規則で定める事項

について、あらかじめ本人に通知し、または本人が容易に知り得る状態に置くとともに個人情報保護委員会への届出が必要です。

　ここで、「本人が容易に知り得る状態」とは、例えば、ウェブサイト上への掲載の場合であれば、トップページから1回程度の操作で到達できる場所への掲載等を継続的に行うことが必要とされています。

　以上を踏まえて＜事例－3＞について検討すると、Z社は業務の都合により個人情報をBに提供しているにすぎず、特に27条1項各号のような例外的事情もうかがわれません。したがって、事後的に本人に通知するだけでは足りず、原則として顧客本人の同意を得なければならないことになります。ただし、オプトアウト方式をとっていれば、本人の同意までは不要となりますが、提供する情報が要配慮個人情報（人種、信条、病歴、犯罪歴など）である場合か、委託先が外国の第三者である場合など、オプトアウト方式が利用できないことがあるので、注意が必要です。

７ 個人情報が漏洩した場合の対応

　個人情報の漏洩が発覚した場合、どのような情報がどのように流出したのかといった事実関係を調査・確認のうえ、事実であれば関係者に対する連絡・謝罪等を検討し、速やかに原因を究明のうえ再発防止策を講じたり、一定の場合には、個人情報保護委員会への報告や本人への通知が義務付けられており（26条）、事業者としての適切な対応が必要となります。

10 名誉権、プライバシー権、パブリシティ権

1 名誉権、プライバシー権、パブリシティ権の意義

　「名誉権」とは、人の品性、徳行、名声、信用等の人格的価値について社会から受ける客観的評価である名誉をみだりに侵害されない権利をいい、「プライバシー権」とは、私生活上の情報をみだりに公開されない権利をいうと伝統的に考えられてきましたが、近時はより広く、プライバシー権を自己の情報をコントロールする権利をいうと考える立場もあります。

　また、「パブリシティ権」とは、人に備わっている、顧客吸引力を中核とする経済的な価値（パブリシティ価値）を保護する権利をいいます。

　これらの権利については、憲法上明文をもって規定されているものではありませんが、名誉権、プライバシー権、肖像権については、人の名誉や肖像、プライバシーが人の人格的な生存にとって不可欠であることから、憲法13条の幸福追求権（人格権）を根拠として認められると考えられています。

　なお、肖像権（人が他人にみだりにその容貌を撮影されず、撮影されたものを公開されない権利）についても、プライバシー権の内容として、またはプライバシーとは別個の人格的権利として保障されていると考えられます。

　また、パブリシティ権については、経済的利益や人格的利益があることを理由に、法的に保護される利益であることが裁判例上認められています。

2 名誉毀損

1）名誉毀損の要件

　人の名誉権の侵害、すなわち人の名誉を毀損したといえるためには、一定程度他人に伝わる可能性のある態様で（刑事上は「公然と」が明文で要求されていますが、同じ意味です）、人の社会的評価を低下させるような事実の表現行為がなされたといえることが必要です。

まず、たとえ人の社会的評価を低下させる表現であっても、その人の面前で述べるだけでは、その人の社会的評価を低下させるものではありませんので、一定程度他人に伝わる可能性のある態様（不特定多数のみならず、特定多数や不特定の少数者に伝わるような態様の表現）であることが必要です。

次に、表現された事実は、具体的である必要があります。抽象的な表現（例えば、「関西人はうるさい」のように対象が抽象的であるもの）では、特定の人の社会的評価を低下させるものとはいえないからです。

ただし、民事上は、具体的な事実を表現することを含まない論評や意見（例えば、「太郎は間抜けだ」）であっても、名誉毀損となり得ると理解されています。また、表現方法により、実際に社会的評価が低下したことは必要ではなく、社会的評価を低下させるような表現行為が行われれば足ります。

なお、法人についても、社会に実在して一定の社会的評価を受けている以上、名誉権が保護されますので、法人の社会的評価を低下させる表現については名誉毀損となります。

これに対し、死者の名誉については、死者自ら法的責任を追及することはできず、死者が名誉権を有するものではないという考えが有力です。もっとも、その遺族は、「故人に対する敬愛追慕の情」を侵害したものとして、民事上の責任を追及することができる場合があります。なお、刑事上は、死者について虚偽の事実を摘示した場合には、名誉毀損罪が成立します（刑法230条2項）。

2）名誉毀損行為による法的責任

人の名誉権は、憲法上保障される権利であり、国や地方公共団体からの侵害が許されるものではないことはいうまでもありませんが、企業や個人が他人の名誉権を侵害する行為も許されるものではありません。

すなわち、他人の名誉権を侵害する行為は、民事上、不法行為となり、損害賠償責任が生ずることになります。また、名誉毀損となる表現行為について、人格権に基づく差止請求が認められることがあります。

また、刑事上、名誉毀損罪として３年以下の懲役もしくは禁錮、または50万円以下の罰金刑があります（刑法230条１項）。

３）名誉毀損の免責事由

　人の名誉権の侵害行為がすべて違法となり、損害賠償責任や刑事責任を負うことになるわけではなく、表現の自由（憲法21条１項）等、他の重要な権利が優先され、許されることがあります。

　最高裁判例は、民事の不法行為に基づく損害賠償の事案において、①その行為が公共の利害に関する事実に関し、もっぱら公益を図る目的に出た場合には、②表現された事実が真実であることの証明がなされたときは、表現行為に違法性がなく、③表現された事実が真実でないとしても、その行為者において表現された事実が真実と信じるにつき相当の理由があるときは、不法行為の成立要件である故意・過失がないものとして、不法行為が成立しないと述べています（最高裁昭和41（1966）年６月23日判決）。

　これに対し、刑法の名誉毀損罪については、刑法230条の２第１項において、事実の公共性、目的の公益性がある言論については、真実性の証明があったときに刑罰を科さないと定められています。また、事実が真実でなかった場合、真実と誤信したことについて、確実な資料、根拠に照らし相当の理由があるときは、犯罪の故意がなく、犯罪が成立しないと考えられています。

　ここにいう「公共の利害に関する事実」とは、公共性のある事実を評価・判断する資料になり得る事実をいい、私人の私生活に関する事実であっても、その私人の活動の社会的影響力によっては、その批判ないし評価の一資料として、公共の利害に関する事実に該当する場合があります。

　例えば、政治家、公務員、医師、弁護士、教師、宗教家、大企業の役員等が該当する可能性があります。

＜事例－１＞

> 　新聞社であるＳ社は、国会議員Ａについて、道路工事に絡み、建設業者Ｔ社からリベートを受け取っているとの記事を新聞に掲載し、発行した。もっとも、その記事は、Ｓ社の記者がＴ社の元役員や周辺者の聴き取りを行い、Ｔ社の内部資料を入手した結果、判明したものであった。国会議員Ａは、Ｓ社に対して損害賠償請求をしたが、認められるか。

　本件記事は、Ａが公務員でありながら職権を濫用して金銭を受け取っているとの事実であり、これはＡが公務員に不適格な者であるとの評価を与える表現ですから、社会的評価を低下させるものです。また、新聞記事になっていることから、不特定多数人に伝わる態様の表現であるといえます。

　そこで、新聞記事はＡの名誉を毀損するものと考えられます。

　もっとも、本件記事は、公務員の適格性の評価にかかわるものですから、公共利害に関する事実にあたり、記事の目的も国民にその事実を知らせて、その適格性の評価の一資料とさせるものであり、公益目的であると考えられます。そして、十分な取材活動を行い、根拠をつかんだうえでの報道ですから、仮に真実であるとの証明がなされなくても、真実であると誤信したことについて相当の理由があるものとして、免責されると考えられます。

　したがって、Ａの損害賠償請求は認められないと考えられます。

＜事例－２＞

> 　Ｂは、Ｕ社を恐喝しようと考え、確たる証拠もないのに、Ｕ社の不祥事に関し、インターネット上のＢのホームページに「Ｕ社はゴキブリだ。Ｕ社社長Ｃは、ヤクザに手を回してＵ社の不正取引をもみ消そうとしている。断固として糾弾せよ」などと掲載した。

法人にも名誉権は認められるところであり、Bの表現行為は、U社の社会的評価を低下させる事実の表現です。また、インターネットという不特定多数人に伝わる可能性のある態様で表現行為を行っています。

よって、U社は名誉権侵害を主張して、Bに対し損害賠償請求を行うことができると考えられます。

なお、Bについては、名誉権侵害の免責は認められないものと考えられます。

３ プライバシー権

１）プライバシー権侵害の要件

プライバシー権侵害については、プライバシー情報の開示のみならず、その取得段階でも侵害が問題となります。

まず、プライバシー情報の開示に関する裁判例においては、次の要件を要するとされています（「宴のあと」事件、東京地裁昭和39（1964）年9月28日判決）。

① 私生活上の事実または私生活上の事実らしく受け止められるおそれのある事柄であること

② 一般人の感受性を基準にして当該私人の立場に立った場合に公開を欲しないであろうと認められる事柄であること

③ 一般の人々にいまだ知られていない事柄であること

④ このような公開によって当該私人が実際に不快・不安の念を覚えたこと

プライバシー情報の開示によるプライバシー権侵害については、情報の開示自体が権利を侵害するものであり、人の社会的評価が低下するかどうかは問題となりません。

プライバシー情報の取得にかかるプライバシー権侵害については、本人の同意なく私生活上の情報を収集する行為であれば原則としてプライバシーを侵害するものと考えられます。

２）プライバシー権侵害の法的責任

　他人のプライバシー権を侵害した場合、民事上、不法行為に基づく損害賠償責任を負います（民法709条、710条）。

　また、プライバシー権侵害となる表現行為について、人格権に基づく差止請求が認められることがあります。

　これに対し、刑事上、プライバシー権侵害について直接に規定するものはありませんが、プライバシー情報の開示行為が名誉毀損罪（刑法230条１項）の要件を満たせば、名誉毀損罪の刑事責任を負うことになります。

３）プライバシー権侵害の免責事由

　プライバシー権といえども無制限に保護されるわけではなく、他の法的利益を優先すべき場合には、プライバシー権の侵害が許されることもあります。

　まず、プライバシー情報の開示行為については、①公表することの歴史的または社会的意義が認められる場合や、その者の社会的活動の性質あるいはこれを通じて社会に及ぼす影響力の程度などのいかんによっては、その社会的活動に対する批判あるいは評価の一資料として、②公職にある者等、社会一般の正当な関心の対象となる公的立場にある場合には、その者が公職にあることの適否などの判断の一資料として、前科等のプライバシー情報を公開することも許される場合があると考えられます（最高裁昭和56（1981）年４月16日判決、最高裁昭和41（1966）年６月23日判決）。

　例えば、国会議員の議員としての適格性の判断資料として、前科などを報道することは許されると考えられます。

　もっとも、免責されるかどうかが裁判で争われた場合、①プライバシー情報開示の目的、②必要性、③手段の相当性を具体的に検討したうえで、プライバシー権を有する個人の権利・利益よりもプライバシー情報の開示により得られる利益が大きいと判断されてはじめて免責されるものですので、公職にある者や著名人のプライバシー情報の開示（報道）であるからといって、当然に免責されるわけではないことに留意する必要があります。

次に、プライバシー情報の取得行為について、①目的の正当性、②必要性、③手段の相当性が認められれば、免責されると考えられます。

　例えば、従業員が懲戒事由に該当する行為を行い、その調査を目的として、従業員の社内メールを調査する行為（東京地裁平成14（2002）年2月26日判決）や、犯罪防止もしくは犯罪が発生した場合の証拠保全を目的として、防犯カメラを設置し、撮影する行為（名古屋高裁平成17（2005）年3月30日判決）は、免責されると考えられます。

　もっとも、その目的達成のために必要な限度を超えるプライバシー情報の取得が行われた場合や取得方法が不相当な場合には、上記目的を有していたとしても免責されないこともあると考えられます。

＜事例－３＞

> 　出版業のＶ社は、自社が発行する週刊誌に国会議員Ｄの前科に関する記事を掲載した（逮捕歴は真実であった）。

　前科に関する情報もプライバシー情報に該当すると考えられ、プライバシー権侵害となる可能性もあります。

　もっとも、先述のように、国会議員等の公務員については、その適格性の評価、批判の資料として、そのような事実を公開することも許されると考えられますので、Ｖ社はＤに対し損害賠償責任を負わない可能性があります。

＜事例－４＞

> 　Ｗ社は、従業員の勤務状況を調査する目的で、従業員が社内のパソコンで送受信した私用も含むすべての電子メールやインターネットのアクセス履歴を解析するシステムをサーバーに組み込み、その情報を収集し、モニタリングしていた。

電子メールの調査については、プライバシー権侵害にあたる可能性があり
ますが、これが許されるためには、まず、①本人の承諾があることが必要で
す。本人が会社の監視行為を認めて承諾していれば、プライバシー権は放棄
されているといえるため、許されることになると考えられます。

　次に、②本人の承諾がない場合には、業務上の必要性と、その必要性に照
らして手段が適切な範囲にあることが必要であると考えられます。

　したがって、上記目的は正当なものであると考えられ、その目的達成のた
め、電子メールやインターネットのアクセス履歴を解析して情報を収集する
ことも必要であると考えられます。

　そこで、従業員のパソコンのログイン時間を調査して管理するという程度
のものであれば、従業員からの承諾を得ていないとしてもプライバシー権侵
害とはならないものと考えられます。

　また、社内で誹謗中傷メールが出回っていてこの出所を調査したり、その
他社内の犯罪行為を調査する目的であれば、電子メールの内容まで監視する
ことが許されると解する余地もあるでしょう。

　もっとも、電子メールの内容やインターネットのアクセス履歴を収集して、
さらに、これを体系的に整理した場合、従業員の私生活上の情報が過度に集
積される可能性も否定できません。そして、会社が日常的にすべての従業員
について、犯罪等の違法行為の調査等の必要性もなく、日常的にメールの内
容やアクセスしたインターネットの内容まで監視していたとすれば、手段が
適切な範囲を逸脱しており、プライバシー権侵害にあたると考える余地もあ
るでしょう。

＜事例－5＞

> 　X社は、従業員の採用試験に際して、受験者の健康診断を行い、
> 受験者に無断で HIV ウイルスの検査を行っていた。

人の病歴については、私生活上の事実であり、誰でも公開を欲しないものですから、プライバシー情報にあたると考えられます。

採用試験の受験者の適性判断と HIV ウイルスの感染の有無は関連性がなく、検査を行う必要はないと考えられます。

したがって、X社の行為は受験者のプライバシーを侵害するものであり、損害賠償責任を負うと考えられます。

4 パブリシティ権

１）パブリシティ権侵害の要件

パブリシティ権の侵害が不法行為となるためには、他人の氏名・肖像等を使用する目的、方法および態様を全体的かつ客観的に考察して、上記使用が人（芸能人等）の顧客誘因力に着目し、もっぱらその顧客誘因力の利用が目的であるといえる必要があると考えられます。

なお、パブリシティ権が問題となる場面は、人の氏名、肖像やプライバシー情報等を使用していることから、同時に肖像権侵害やプライバシー権侵害となる可能性もあります。

２）物に対するパブリシティ権

パブリシティ権については、例えば芸能人などの著名人の氏名、肖像を使用した場合に問題となるのが一般的ですが、著名な物（古美術品、競走馬その他の物）の名称、画像を使用することについて、物の所有者がパブリシティ権を有するものとして法的保護を受けられないのか問題となります。

しかしながら、物の所有権は、物それ自体を直接排他的に支配する権利を有しているにとどまり、物の名称や形が有している無形的な経済的価値を把握する権利ではないと考えられることから、物の名称の顧客誘因力を使用する行為について、パブリシティ権侵害として法的保護を受けることはできないと考えられます。

なお、物の名称については、商標法や不正競争防止法の適用の余地があり

ますので、物の名称を無断で使用することが無制限に許されるわけではないことに留意する必要があります。

3）パブリシティ権侵害の法的責任
民事上、不法行為に基づく損害賠償責任（民法709条）を負います。

＜事例－６＞

> Ｙ社は、自社の商品広告を制作するにあたり、海外の著名な芸能人Ｅの顔写真を無断で使用した。

本件は、Ｅの顔写真を商品広告に使用することにより、Ｅの顧客誘因力を利用することを目的として、Ｅの肖像を使用したわけですから、パブリシティ権侵害に該当すると考えられます。

したがって、Ｙ社はＥに対して損害賠償責任を負うと考えられます。

＜事例－７＞

> Ｚ社は、Ｍ鉄道Ｎ駅の猫の名誉駅長Ｒ（推定10歳・雌）がインターネット上で人気があることに着目し、ＲのぬいぐるみをＭ鉄道に無断で製作し、販売しようとしている。

猫Ｒについては、その所有者がＭ鉄道であるか否かは必ずしも明らかではありませんが、仮にＭ鉄道が猫Ｒの所有者であるとしても、パブリシティ権を有するものではありませんので、Ｚ社はＭ鉄道に対して損害賠償責任を負わないものと考えられます。

ただし、猫Ｒについて、Ｍ鉄道が商標登録をしている場合には、商標権侵害として損害賠償責任を負う可能性があります。

環境法

1 環境法とは

　環境法とは、地球環境を保護することを内容とする法令を総称するものであり、「環境法」という特定の法律があるわけではありません。

　我が国では、1960年代の高度経済成長に伴って、深刻な公害問題が発生したことから、公害防止によって人の生命、身体の安全を守る観点から、法規制が行われるようになりました。

　そして、1990年代ごろから、地球規模でオゾン層破壊問題や地球温暖化問題等が表面化し、全地球規模で地球環境を保全する取組みが求められるようになりました。

　我が国においても、地球環境を保全し、人の健康で文化的な生活を保護する観点から、種々の法規制が行われるようになりました。

　今日では、ビジネスを行ううえで環境保全の視点は、避けて通れないものとなっています。

2 ビジネスに関係が深い環境法

　以下で、ビジネスにおいて関係が深いと思われる環境法分野の法律を紹介します。

1）環境基本法

　環境の保全について、基本理念を定め、国・地方公共団体・事業者・国民の責務、国の基本的施策を定めています。環境基本法は、事業者や国民に対して具体的な法規制をしたものではなく、行政処分や罰則等の定めはありませんが、環境法分野における法規制や法解釈の基本となるものです。

2）地球温暖化対策の推進に関する法律（地球温暖化対策推進法）

　地球温暖化対策について、各国の温室効果ガスの排出削減目標を掲げた京都議定書（1997年）の目標達成計画を定め、温室効果ガス排出抑制を促進するための措置を講じること等により、地球温暖化対策を推進することを目的として定められました。

　事業者は、事業活動に関して温室効果ガスの排出抑制の措置を講じるよう努力し、国および地方公共団体の温室効果ガス削減のための施策に協力する責務があることが定められています（地球温暖化対策推進法5条）。もっとも、責務規定ですので、行政処分や刑事罰に問われることはありません。

　また、事業活動に伴い温室効果ガスを多く排出する者（特定排出者）が温室効果ガスの排出量を所管する大臣に報告する義務があることを定めており（26条1項）、違反すると過料が科されます（68条1号）。

3）廃棄物の処理及び清掃に関する法律（廃棄物処理法）

①　目　的

　廃棄物の排出を抑制し、廃棄物の適正な分別、保管、収集、運搬、再生、処分等の処理をし、生活環境を清潔にすることにより、生活環境の保全および公衆衛生の向上を図ることを目的とするものです（廃棄物処理法1条）。

②　規制内容

　事業者は、その事業活動に伴って生じた廃棄物（ごみ、粗大ごみ、燃え殻、汚泥、ふん尿、廃油、廃酸、廃アルカリ、動物の死体等）を自らの責任で適正に処理しなければなりません（3条1項、2条1項）。

　また廃棄物の処理業者となるためには、産業廃棄物（事業活動に伴って生じる廃棄物のうち、燃え殻、汚泥、廃油、廃プラスチック類など）と一般廃棄物それぞれについて、廃棄物の処理業者となるための資格を取得しなければならず（許可制：7条以下、14条以下）、法律で定める廃棄物処理の手続き（11条以下）に従って廃棄物の処理を行わなければなりません。

事業者が廃棄物を処理するにあたっては、具体的には、次の規制を守らなければなりません。

・一般廃棄物の運搬・処分を他人に委託する場合には、運搬については一般廃棄物収集運搬業者などの有資格者に、処分については同様に一般廃棄物処分業者にそれぞれ委託すること（6条の2第6項）

・一般廃棄物の運搬・処分を委託する場合には、政令で定める基準に従って委託すること（6条の2第7項）

・産業廃棄物の運搬・処分を他人に委託する場合には、その許可を受けた者などの有資格者に委託すること。また、委託の基準（業者の許可条件、委託契約書等の方式の遵守）に従って委託すること（12条5項、6項）

・産業廃棄物が運搬されるまでの間、産業廃棄物保管基準（周囲の囲い・排水溝、掲示板、底面の被覆等）に従い、保管すること（12条2項）

・事業者は、その産業廃棄物の運搬または処分を他人に委託する場合、委託に係る産業廃棄物の引渡しと同時に、省令で定める事項を記載した産業廃棄物管理票を交付すること（12条の3）

③　**廃棄物処理法の定めに違反した場合の制裁、措置等**

　事業者が廃棄物処理法の上記規制に違反した場合、行政機関から改善を命じられたり（19条の3）、一定の措置を行うことを命じられます（19条の4、19条の5）。

　また、本法に違反する行為については、広く懲役・罰金の刑事罰が定められています（25条以下）。

4）水質汚濁防止法

① **目　的**

　工場などからの河川・湖・港湾・沿岸海域等（公共用水域）に対する水の排出および地下に浸透する水の浸透を規制し、生活排水対策の実施を推進することなどによって水質の汚濁を防止し、国民の健康を保護するとともに生活環境を保全すること、健康被害が生じた場合に事業者の無過失の

損害賠償責任を認めて被害者の保護を図ることを目的としています（水質汚濁防止法 1 条）。

② 規制内容

水質汚濁防止法においては、次の規制が置かれています。

・カドミウムその他の人の健康被害を生ずるおそれがある有害物質を含む汚水等を排出する施設（特定施設）を設置する工場などから公共用水域に水を排出する者は、施設の設置、構造等の変更をしようとするときは、都道府県知事に届け出ること（5 条、7 条）

・水を排出する者は、排出基準に適合しない水を排出してはならないこと（12条 1 項）

・有害物質を製造、使用、処理する施設から水を排出する者は、有害物質を含む水を浸透させてはならないこと（12条の 3）

・特定施設の破損などの事故が発生し、有害物質を含む排水基準に適合しないおそれのある水が公共用水域に排出され、または地下に浸透したことにより、人の健康被害や生活環境被害が生ずるおそれがあるときは、事業者は、直ちに応急の措置を講じるとともに、速やかに事故状況および講じた措置を都道府県知事に届け出ること（14条の 2）

③ 水質汚濁防止法の定めに違反した場合の制裁、措置等

事業者は、事業活動に伴う有害物質を含む汚水等を排出し、人の生命または身体を害したときは、これによって生じた損害を賠償しなければなりません（19条ないし20条の 5）。この責任は、無過失責任です。

また、都道府県知事は、事業者に対し、施設の構造や使用方法、処理方法の変更を命じたり（8 条）、改善を命ずることができます（13条 1 項）。その命令に違反した場合の刑事罰が定められています（30条）。

また、排出基準を満たさない排出行為（過失犯も処罰されます）や特定施設の設置・構造変更の届出を怠ったり、虚偽の届出をすると、懲役または罰金刑の刑事罰が定められています（31条、32条）。

5）土壌汚染対策法

① 目　的

　土壌汚染対策法は、鉛、ヒ素、トリクロロエチレン等の有害物質（特定有害物質）による土壌汚染の状況の把握や健康被害の防止のための措置を定めることにより、国民の健康を保護することを目的とするものです（土壌汚染対策法1条、2条）。

② 規制内容

　土壌汚染対策法は、次のような規制を設けています。

・使用が廃止された特定有害物質の製造、使用、処理施設の敷地所有者等に対し、土壌の特定有害物質による汚染の状況を環境大臣又は都道府県知事が指定する調査機関により調査し、都道府県知事に報告すること（3条）

・都道府県知事は、人の健康被害が生ずるおそれがあるような土壌汚染がある土地があるときは、土地所有者等に対して、指定検査機関に調査させて、その結果を報告させることができること（5条1項）

・事業者は、要措置区域に指定された土地について、都道府県知事から汚染の除去等の措置を行うよう命令を受けた場合には、汚染除去等の措置を実施しなければならないこと（7条1項、2項）

・事業者は、形質変更時要届出区域に指定された土地について、土地の形質の変更をする場合には、土地の形質の変更に着手する14日前までに、変更の種類、場所、施行方法等を届け出なければならないこと（12条）

③ 土壌汚染対策法の定めに違反した場合の制裁、措置等

　まず、行政処分として、都道府県知事は、土地所有者等が3条に基づく報告を怠ったときは、是正を命じ（3条4項）、要措置区域については汚染の除去等措置を指示し（7条1項）、形質変更時要届出区域については、基準に適合しないときに計画の変更を命ずることができます（12条5項）。また、形質変更時要届出区域において、土地の形質変更の届出を怠ったり、虚偽の届出をした場合には、懲役または罰金の刑事罰が定められています

（66条１号）。

　なお、土地所有者等が汚染の除去に要した費用については、土壌の汚染が土地の所有者以外の行為による場合には、当該行為をした者に対して除去費用を請求することができます（８条１項）。

＜事例－１＞廃棄物処理法

> 　Ｘ社は事業活動に伴って生じた廃プラスチック類の運搬および処分を、処理費用が安いという理由から、産業廃棄物収集運搬業者の資格しか持たないＡに委託した。

　廃棄物処理法12条５項は、事業者が産業廃棄物の処分を産業廃棄物処分業者に委託しなければならないと定めており、Ｘ社の行為は、産業廃棄物収集運搬業者の資格しか有していないＡに委託したという点で、同法12条５項に違反すると考えられます。

　このような法律違反については、懲役もしくは罰金、またはこれらが併科されます（廃棄物処理法25条１項６号）。

＜事例－２＞水質汚濁防止法

> 　金属メッキ加工業のＹ社は、操業の過程で発生した排水を処理する施設を有していたが、その処理施設が故障し、シアン化合物を含む排水を近所の川に流出させた。

　シアン化合物を排出する施設は水質汚濁防止法の規制対象であり、Ｙ社は直ちに応急措置を講じるとともに、速やかに都道府県知事に届け出なければなりません（水質汚濁防止法14条の２）。また、懲役または罰金の刑事罰も科されます（31条１項１号、２項）。

したがって、Ｙ社は直ちに応急処置を講じるとともに、速やかに都道府県知事に届け出る義務があると考えられます。

　さらに、健康被害が生じた場合、無過失の損害賠償責任を負います（19条ないし20条の５）。

＜事例－３＞土壌汚染対策法

> 　Ｚ社は、工場用地として所有していた土地を、住宅分譲を目的とする不動産業者に譲渡しようとしている。ところが、その土地の土壌を調査したところ、人体に有害なトリクロロエチレンが大量に含まれていた。

　特定有害物質を製造、使用、処理する施設を設置していた土地の所有者は、その使用を廃止した日から120日以内に、汚染状況を環境大臣又は都道府県知事が指定する調査機関に調査させ、その結果を都道府県知事に報告しなければなりません（土壌汚染対策法３条）。

　また、都道府県知事は、汚染除去等計画の提出をした者が当該計画に従って汚染の除去等の措置を講じていないと認めるときは、当該措置を講じるよう措置命令を行うことができ、土地所有者は、当該計画に従って汚染の除去等をしなければなりません（７条８項、10項）。

　トリクロロエチレンは、土壌汚染対策法の特定有害物質に該当しますので、Ｚ社は、都道府県知事に対する調査・報告義務を負うとともに、措置命令があった場合には、汚染を除去しなければなりません。

消費者に対するコンプライアンス

CHAPTER 第3章

　我が国の経済の高度な発展とともに、事業者による経済活動はますます大規模なものとなり、消費者は、情報の質・量や交渉力で事業者との間に大きな格差が生ずるに至りました。そのような格差を放置して、契約自由の原則を貫いてしまうと、消費者が一方的に不利益を被るおそれがあります。

　そこで、消費者保護の観点から、企業に対する規制を行い、規制に違反した場合には行政処分や刑事罰を科したり、消費者と企業間の契約について、民法の規定よりも容易に消費者からの契約の取消し、解除ができるようにするため、特別の法律が置かれることになりました。

 消費者基本法

1 消費者基本法の趣旨と目的

　消費者基本法は、消費者と事業者との間に情報の質と交渉能力の差があることを踏まえ、消費者の権利の尊重と自立の支援、その他消費者保護の基本理念を定めたものです（消費者基本法1条、2条）。

2 規制内容

　消費者基本法は、国、地方公共団体、事業者、消費者団体、消費者について基本理念や責務（努力規定）を定めたものであり、事業者に対する具体的な義務を規定していません。

主な内容としては、

① 国や地方公共団体に対して、消費者政策を推進する責務を負わせています（3条、4条）。

② 事業者に対し、消費者の安全や取引の公正の確保、消費者に対する平易な情報の提供等を行う責務を課しています（5条）。

3 消費者基本法の定めに違反した場合の民事上の請求、刑事罰等

本法に違反したことによって、契約が無効となるなどの民事上の効果が生じたり、行政処分や刑事罰を科されることはないと考えられますが、事業者の行為が同時に消費者契約法や特定商取引法などの法令に違反する場合には、それらの法律に基づいて、民事上の効果や行政処分、刑事罰が科されることになると考えられます。

2 消費者契約法

1 消費者契約法の適用

消費者（個人を意味します。ただし、事業としてまたは事業のために契約の当事者となる場合を除きます）と事業者の間で締結される契約（消費者契約）に消費者契約法が適用されます（消費者契約法2条）。

2 ビジネスにおいて問題となる行為

消費者契約法によれば、契約締結に際して事実と異なることを告げたり、将来の不確実な事項について断定的な判断を提供する行為（例えば、「これは必ず値上がりする」という説明など）がなされ、事実を誤認し、その誤認に基づいて消費者が契約の申込みまたは承諾の意思表示をした場合、その契約を取り消すことができます（4条）。

また、損害賠償についても、事業者について損害賠償責任が免除される条項は無効であり（8条）、また消費者について平均的な損害額を超える損害賠償額の予定を定める条項は、その超過部分が無効とされます（9条）。さらに、消費者の利益を一方的に害する条項を契約に盛り込んでも無効とされます（10条）。

　なお、消費者契約法においては、違反した事業者に対する刑事罰の規定はありません。

3 消費者団体訴訟制度

　消費者契約法では、事業者による消費者契約法違反の行為の差止め訴訟等を、適格消費者団体によって行うことができると定めています（12条）。

＜事例－１＞

> 　Ａは、電子機器販売業者Ｘから省エネグッズを勧められ、「この商品で月々の電気代が必ず半額になる」と言われて購入したが、実際には、１割しか安くならなかった。

　Ｘの勧誘は、断定的判断の提供であり、Ａはこの契約を取り消すことができます（4条1項2号）。

＜事例－２＞

> 　不動産業者のＹ社は、個人Ｂに対し、住居目的でワンルームマンションを賃貸した。この契約内容を定めた賃貸借契約書には、賃借人が契約を中途解約した場合、違約金として賃料３カ月分を支払う義務が生じ、敷金から差し引くことができると定められている。これは有効か。

Bは消費者であり事業者Yとの間の契約ですので、消費者契約に該当します。前述のように、平均的な損害を超える損害賠償額の予定の条項は、平均的損害を超える部分が無効とされます（9条1号）。そこで＜事例－2＞の違約金の定めが平均的な損害賠償額を超えるかどうかが問題となりますが、マンションであれば賃料1カ月分程度が平均的損害であると考えられますので超過分である2カ月部分については無効とされる可能性があります。

＜事例－3＞

> 　インターネットコンテンツ（オンラインゲーム）提供業のZ社は、「コンテンツを利用することによって利用者に生じた損害について一切責任を負わない」と利用規約に記載していた。ところが、Z社のサーバー管理上の重大なミスによって、利用者C（個人）のコンピュータにコンピュータウイルスが感染してしまい、利用者Cから損害賠償請求を受けている。
> 　Z社は、利用規約を根拠に責任を免れることができるか。

　前述のように、事業者の損害賠償責任を免除する条項は無効となるので（8条）、Z社は責任を免れることはできないものと考えられます。

 # 特定商取引に関する法律（特定商取引法）

1 特定商取引法が適用される取引形態

特定商取引法が適用される取引は、次の形態の取引に限られます。
①　訪問販売………販売員が消費者の自宅や職場を訪問する販売方法です。このほか、キャッチセールス、アポイントメントセールス、催眠商

法も含みます。

② 通信販売………電話や郵便、パソコン等の通信方法を用いて申込みを受ける販売方法です。

③ 電話勧誘販売………事業者が消費者へ電話をかけて、または消費者にかけさせて勧誘する販売方法です。

④ 連鎖販売取引………例えば、「他の人を勧誘して入会させると1万円の紹介料（特定利益）がもらえます」と言って、取引を行うための条件として1円以上の負担（特定負担）をさせることを内容とする販売方法です。いわゆるマルチ商法などがこれにあたります。

⑤ 特定継続的役務提供………一定期間を超える継続的な役務の提供と、これに対する高額の対価を支払うことを内容とする販売方法です。例えば、エステ、語学教室、学習塾等がこれに該当します。

⑥ 業務提供誘引販売取引………業者から提供または斡旋される業務に従事することにより利益が得られるとして勧誘し、仕事に必要であるとして商品等を消費者に売って代金を支払わせることを内容とする販売方法です。例えば、内職商法・モニター商法などがこれに該当します。

⑦ 訪問購入………買取業者が営業所等以外の場所において、物品を売るよう求めることは、この訪問購入にあたります。

⑧ ネガティブオプション………勝手に商品を送りつけてきて、代金を要求する商法をいいます。

2 指定権利

特定商取引法の適用を受けるためには、商品、役務（サービス）については特に制限はありませんが、権利については、政令で指定された権利であることが必要です。

3 法改正について

2008年改正の際に「施行後5年を目途に見直す」こととなっていたことを

踏まえ、2016年6月に特定商取引法が改正されました（原則として2017年12月1日施行）。主な改正内容は、次のような点です。

① 指定権利制度の見直し………特定権利（定義は改正前の指定権利と同じ）とし、仮想通貨や金融商品取引法の規制を受けない、無登録業者の未公開株式の販売や自社発行株の販売なども規制対象とすること

② 悪質事業者への対応………業務停止を命ぜられた法人の取締役等に対して、停止の範囲内の業務を新たに法人を設立して継続すること等を禁止すること、所在不明の違反事業者に対して公示送達による処分を可能とすること、電話勧誘販売において過量販売規制を導入すること、業務停止命令の期間を伸長（最長1年→2年）すること、刑事罰を強化すること

③ 消費者利益の保護………業務停止命令を受けた事業者等に対して、消費者利益を保護するために必要な措置を指示できること、通信販売におけるファクシミリ広告への規制を導入すること、取消権の行使期間を伸長（6カ月→1年）すること

4 規制内容

特定商取引法の規制対象となる取引においては、消費者が十分に情報を得ることができず、適切に判断することができないまま契約し、後日契約内容をめぐってトラブルとなることが多いため、そのトラブルを防止するために次の規制が置かれています。

1）氏名等表示義務（特定商取引法3条、16条、33条の2等）

事業者は、消費者に対し、氏名または名称、勧誘目的であること、商品等の種類を表示しなければなりません。

2）書面交付義務（4条、5条、18条、37条、42条、55条等）

商品の種類、型式、販売価格、商品の引渡時期、事業者の氏名または名称、

担当者氏名・電話番号、クーリング・オフに関する事項等の契約上の重要事項を記載した書面を交付する義務があります。

3) 不当な勧誘行為の禁止（6条、21条、34条、44条、52条等）

商品の性能・品質や販売価格等の契約内容やその他契約に関する事項で消費者の判断に影響を及ぼすことになる重要事項に関する不実告知、あるいは故意の不告知や威迫困惑を伴う勧誘行為、キャッチセールスのように公衆の出入りのない場所での勧誘等、不当な勧誘行為が禁止されています。

4) 広告の規制（11条、12条、35条、36条、43条等）

広告をする際に、販売価格、商品の引渡時期、事業者の氏名または名称、電話番号等の契約に関する重要事項を表示する義務を定めるとともに、誇大広告を禁止しています。

5 適用除外

訪問販売、通信販売、電話勧誘販売、特定継続的役務提供、訪問購入については、事業者の相手方である購入者が営業のためもしくは営業として契約をした場合には、特定商取引法の規定の適用が除外されます（26条、50条、58条の17）。その他、他の法令で規制される商品や役務など、26条に列挙されたものも適用が除外され、クーリング・オフになじまない商品、役務や3000円以下の現金取引も除外されています。

6 法的効果と違反した場合の制裁等

1) クーリング・オフ

民事上の効果としては、訪問販売、電話勧誘販売、特定継続的役務提供、訪問購入については法定書面の交付後8日間（9条1項、24条1項、48条1項、58条の14）、連鎖販売取引、業務提供誘引販売取引については、20日間のクーリング・オフ制度があります（40条1項、58条1項）。また、訪問販

売における過量販売について契約締結後1年間のクーリング・オフ制度があります（9条の2）。

　なお、これらの期間については、事業者が書面交付義務を果たしていない場合（書面の記載漏れ等も含みます）、いつまでも期間が経過しません。

　これに対し、通信販売については、クーリング・オフの類似の制度として、通信販売の広告に契約の解除に関する事項を記載していない場合、8日間の解除、返品が認められます（15条の3第1項）。

2）不実告知等による契約の取消し

　購入者は、事業者が契約内容等の重要事項につき、不実告知、故意の不告知を行った場合には、契約を取消すことができます（9条の3第1項、24条の3第1項、40条の3第1項、49条の2第1項、58条の2第1項）。

3）賠償額の制限

　消費者を保護するため、契約が解除された際の事業者側からの損害賠償請求の額の制限も定められています（10条1項、25条1項、40条の2第3項、49条2項、58条の3第1項、58条の16第1項）。また、消費者側に差止請求権も定められています（58条の18以下）。

4）行政処分

　特定商取引法に違反した事業者は、監督官庁である経済産業大臣から、業務改善命令のほか、業務停止命令を受けます（7条、8条、14条、15条、22条、23条、38条、39条、46条、47条、56条、57条、58条の12、58条の13）。また、違反事業者は、その氏名または名称を公表されます。

5）刑事罰

　特定商取引法に違反した個人については、3年以下の懲役または300万円以下の罰金、または併科となります（70条）。また、事業者が法人である場合、

法人の代表者や従業員が特定商取引法違反を行った場合には、法人に対し、最高で３億円以下の罰金刑が科せられることがあります（74条１項１号）。

<事例－１>

> 　訪問販売業者W社の営業担当Ａは、商品である電話機の販売目的であることを告げずに、「電話回線の見直しのご提案」と称して、顧客Ｂの家を訪問した。そして、Ｂが電話回線の変更に興味を示したところで、はじめて「電話回線を変更するためには電話機の交換が必要である」と述べて電話機の購入を勧めたため、仕方なく、Ｂは電話機の売買契約を締結した。しかし、実際には電話機の交換は必要なかった。Ｂは、契約を解約したいと考えている。

　営業担当Ａの行為は、電話機の契約を締結させるために、電話機の交換が必要でないにもかかわらず、電話機の交換が必要であると告げて契約を締結させており、不実告知による契約の取消しを行うことができます。

　なお、必ずしも契約が無効や取消しとなるわけではありませんが、電話機の販売目的を告げずに訪問している点で、販売目的を告げる義務に違反し、勧誘方法は違法であると考えられます。

<事例－２>

> 　通信機器販売業者のＸ社は、精肉店を営む有限会社Ｙ（取締役Ｃが一人でやっている小さな店）に対して、パソコンを訪問販売の方法により販売した。ところが、Ｙ社はクーリング・オフを主張した。Ｙ社の主張は認められるか。

　特定商取引法は、営業のために購入した場合には、適用されないと定めて

いますが（26条1項）、契約の相手方の属性が法人である場合を一律に除外するものではありません。その契約の目的がもっぱら個人用である場合には、特定商取引法の規定が適用されます。

この事例において、契約目的は明らかではありませんが、パソコンを個人的な趣味の目的で購入するなど、営業のためといえない場合には、特定商取引法が適用され、クーリング・オフできると考えられます。

したがって、＜事例－2＞では、Y社の主張が認められる余地があります。

＜事例－3＞

> インターネット上での通販業者Z社は、自社の買い物用のホームページに契約解約の条件について、表示をしていなかった。

Z社は、ホームページに契約解約の条件を載せていませんので、顧客は契約後8日間商品の返品をすることができます。

4 割賦販売法

1 割賦販売法の趣旨と目的

俗に「月賦」や「クレジット」と呼ばれている「割賦販売」においては、事業者が割賦販売の方法によって消費者の経済力に合わない高額な商品を買わせるといったトラブルや、割賦金の支払いを担保するため、消費者に不利な内容の契約となりがちです。

そこで、割賦販売法は、割賦販売業者の行為を規制し、契約条項について制限を設けるなどして、割賦販売取引の健全化を図り、消費者を保護する目的で制定されました（割賦販売法1条）。

取引形態	販売と与信が同一か	与信：①2カ月以上、②2カ月以上かつ3回払い以上		
		個別の与信	カード・記号番号の利用	
			あらかじめ定められた時期ごとに後払い	あらかじめ定められた方法により算定して得た金額を後払い
割賦販売	同一	①———	———	———
		②割賦販売	割賦販売	割賦販売
ローン提携販売	同一	①———	———	———
		②———	②ローン提携販売	ローン提携販売
信用購入	別	①個別信用購入あっせん	包括信用購入あっせん	包括信用購入あっせん（リボ方式）
		②個別信用購入あっせん	包括信用購入あっせん	包括信用購入あっせん（リボ方式）

割賦販売法の規制対象となる取引

2 規制対象

　割賦販売法の規制対象となる取引には、割賦販売、ローン提携販売、信用購入あっせん（個別方式、包括方式）の形態があります。

　また、割賦販売法の適用を受けるためには、政令によって指定された商品・権利・役務（指定商品・指定権利・指定役務）であることが必要とされていましたが、2008年改正により、原則としてクレジット（信用購入あっせん）については、これが不要となりました。

3 規制内容

　割賦販売法が割賦販売業者、信用購入あっせん業者等に対して課している主な規制は、次のとおりです。

1）販売価格、取引条件の表示

　現金販売価格、割賦販売価格（ローン提携販売・信用購入あっせんでは、

支払総額）、代金の支払期間、回数、実質年率等の取引条件を購入者に見やすい方法で表示しなければなりません（3条、29条の2、30条、35条の3の2）。

2）書面交付義務

　割賦販売業者およびローン提携販売業者は、割賦販売価格、賦払金の額、支払時期および方法、商品の引渡時期、契約解除の方法等を記載した契約書面を交付しなければなりません（4条、29条の3）。他方で、信用購入あっせん業者、および、その加盟店による書面交付については、2020年改正により、電子による情報提供で足りる場合が増加し（30条の2の3、30条の2の4等）、スマートフォン・パソコン完結型サービスに至っては、完全な電子化がされています（規則37条の2第2項1号等）。

3）契約解除の制限

　購入者が賦払金・弁済金を支払わないために、割賦販売業者、信用購入あっせん業者が契約を解除したり、残金を一括請求することができるのは、20日以上の相当の期間を定めて支払いを書面で催告し、その期間に支払いがないときに限られています（5条1項、30条の2の4、35条の3の17）。

　なお、2020年改正により創設された認定包括信用購入あっせん業者、および、登録少額包括信用購入あっせん業者においては、この期間が7日に短縮されています（30条の5の7、35条の2の6）。

4）損害賠償等の額の制限

　契約が解除された場合に割賦販売業者、信用購入あっせん業者が請求できる損害賠償金、違約金の額が制限されています（6条、30条の3、35条の3の18）。

　例えば、割賦販売の場合で契約解除により商品が返還された場合は、商品の通常の使用料の額または権利の行使により通常得られる利益に相当する額

と法定利率（年３％）による遅延損害金、商品の返還を受けられない場合には、商品の割賦販売価格と法定利率（年３％）による遅延損害金に制限されます。

５）過剰与信の禁止（30条の２、30条の２の２、35条の３の３、35条の３の４）

　包括信用購入あっせん業者はカード等を交付する場合に、個別信用購入あっせん業者は与信契約を締結する場合に、それらに先立って、利用者・購入者等の支払可能見込額を算定するために必要な事項を調査しなければならないとされています。

　そして、前者においては、カードの極度額が支払可能見込額に平均支払期間を勘案して経済産業大臣が定める割合を乗じて得た額を超えるときはカードを交付してはならず、後者においては、購入者等の支払総額のうち、１年間に支払うことのできる額が支払可能見込額を超えるときは、与信契約を締結してはならないとされました。

　なお、2020年改正により、認定包括信用購入あっせん業者、および、登録少額包括信用購入あっせん業者の制度が創設され、これらの業者では、カード会社の保有するビッグデータを用いた与信審査を行うことを可能とする等、柔軟な運用が開始されました。

６）販売契約の勧誘に係る調査、不適正与信の禁止（35条の３の５～７）

　2008年の改正により、個別信用購入あっせん業者は、通信販売を除く特定商取引類型の販売契約に係る与信契約を締結しようとする場合は、与信契約に先立ち、販売業者が不実のことを告げる行為や重要事項を告げない行為、断定的な判断を告げる行為、威迫行為等をしていないか調査しなければならないとされ、そのような行為があったと認めるときは、与信契約を締結してはならないとされました。

７）登録制

　加盟店保護を目的とした財務的な健全性の確保、消費者保護を目的とした支払可能見込額調査等の履行体制確保等を目的として、包括信用購入あっせん業者及び個別信用購入あっせん業者について登録制がとられています（31条、35条の２の３、35条の３の23）。また、これに加え、カード情報の漏洩や不正利用を防止するために、クレジットカード番号取扱契約締結事業者についても登録制がとられています（35条の17の２）。

４ 法的効果と違反した場合の制裁等

１）クーリング・オフ

　割賦販売法の民事上の効果として、クーリング・オフがあります。すなわち、個別信用購入あっせんについて、通信販売を除く特定商取引類型の販売契約に係る与信契約について、クーリング・オフができるとされ（35条の３の10第１項、35条の３の11第１項）、これに伴って原則として、販売契約もクーリング・オフされたとみなされます（35条の３の10第５項、35条の３の11第７項）。

２）抗弁の接続

　購入者は、信用購入あっせんで購入した商品等について、販売業者との間で生じている事由（例えば詐欺）をもって、信用購入あっせん業者に対する支払いを拒むことができます（30条の４第１項、35条の３の19第１項）。また、ローン提携販売にも抗弁の接続があります（29条の４第２項、３項）。

３）行政処分

　割賦販売法違反の行為については、改善命令（30条の５の３、35条の３の21、35条の３の31、35条の17の10等）、登録取消し（34条の２、35条の３の32、35条の17の11）の行政処分があります。

4）刑事罰

割賦販売法違反については、3年以下の懲役または300万円以下の罰金、または併科となります（49条以下）。

＜事例－１＞

> Ａは、販売業者Ｘ社から呉服を購入し、Ｙ社との間でクレジット契約（個品信用購入あっせん方式による）を締結した。
>
> ところが、その契約は、Ｘ社の「時価100万円相当の良質な絹のものを50万円で販売する」という文言を信じて買ったものであり、実際には、5万円程度のポリエステル製であった。
>
> Ａは、賦払金を請求してきたＹ社に対し、この事情を理由に支払いを拒むことができるか。

Ｘ社の行為は詐欺に該当し、Ａは売買契約を取り消すことができると考えられます。そして、購入者は、信用購入あっせんで購入した商品等について、販売業者との間で生じている事由をもって、信用購入あっせん業者に対する支払いを拒むことができます。

したがって、Ａは支払いを拒むことができると考えられます。

5 製造物責任法

1 製造物責任法の趣旨と目的

製造物責任法は、欠陥製品による消費者被害を救済する目的で制定されました（製造物責任法1条）。

すなわち、従来、民法の規定によれば、消費者が欠陥製品で自己の生命、

身体、財産に被害を受けても、製品を購入した相手方ではない製造者に対しては、債務不履行責任（民法415条）を追及することができず、不法行為責任（民法709条）を追及するほかありませんでした。しかし、これでは製造業者が過失を有していたことを立証しなければならず、消費者の保護に十分とはいえませんでした。

そこで、消費者が欠陥製品により被害を受けた場合には、無過失責任で損害賠償責任を負わせることとして消費者保護を図ったのが製造物責任法です。

2 製造物責任法の基本的な内容

1）製造物（2条1項）

製造物とは、製造または加工された動産をいい、自然産品や不動産は含みません。

2）欠　陥（2条2項）

欠陥とは、製造物の特性や通常予見される使用形態、製造業者等が引き渡した時期などの事情に照らして、通常有すべき安全性を欠いていることをいいます。

本法においては、製造物が流通に置かれたときに欠陥が存在することが必要です。また、欠陥といっても安全性と関係のない単なる性質上の不良の場合や、損害がその製造物自体についてのみ生じた場合には、製造物責任法の適用はありません。この場合、民法上の債務不履行責任（民法415条）や不法行為責任（民法709条）が適用されるにとどまります。

3）因果関係

流通に置かれたときの欠陥と損害の間に因果関係が必要です。

4) 時 効

　損害および賠償義務者を知ったときから3年（人の生命または身体を侵害した場合は5年）、あるいは製造物を引き渡したときから10年で時効消滅します（製造物責任法5条1項、2項）。

③ 違反の立証と損害賠償責任

　被害者が、①流通に置かれた時点で製造物に欠陥が存在したこと、②損害が発生したこと、③流通に置かれたときの欠陥と損害との間に因果関係があること、について主張し、立証に成功すれば、製造業者等に損害賠償責任が認められます。

＜事例－1＞

> 　自転車製造販売業者のX社は、幼児用自転車を販売していたが、あるとき、設計ミスが原因でフレームが折れ曲がり、運転していた幼児が転倒して怪我をした。

　自転車は製造物であり、本件設計ミスは欠陥にあたると考えられますので、幼児（の法定代理人である親）は、製造物責任法に基づき、①流通に置かれた時点で製造物に欠陥が存在したこと、②損害が発生したこと、③流通に置かれたときの欠陥と損害との間に因果関係があることを主張し、立証すれば、損害賠償を求めることができます。

消費生活用製品安全法

1 消費生活用製品安全法の趣旨と目的

　消費生活用製品安全法は、消費生活用製品による消費者の生命または身体に対する危害の防止を図るため、消費生活用製品のうち、例えば乳児用ベッドや登山ロープ、圧力鍋等、生命または身体に危害を及ぼすおそれが多い製品（特定製品）の製造および販売を規制するとともに、製品事故に関する情報の収集および提供等の措置を講じることによって、消費者の利益を保護することを目的とするものです（消費生活用製品安全法1条）。

2 規制内容

1）特定製品の技術上の基準、基準適合義務

　主務大臣（経済産業大臣）は、消費者の生命または身体に対する危害の発生の防止を図るため、技術上の基準を定めなければならないこととされています（3条）。

　特定製品の製造または輸入の事業を行う者は、主務大臣に対して、事業者の氏名・名称、特定製品の型式の区分、製造工場または事業場の所在地、特定製品の欠陥により消費者の生命または身体に損害が発生した場合に損害の賠償を行う場合に備えてとるべき措置などを届け出ることができます（6条）。

　届出事業者は、届け出た特定製品の製造・輸入に際しては、3条に基づき政令で定められた技術上の基準に適合するようにしなければなりません（11条）。そして、特別特定製品（乳幼児用ベッド、ライター等）については、これに加えて、登録検査機関による適合性検査が必要となります（12条）。

2）PSC マークの表示

届出事業者は、特定製品について、技術基準に適合するか否かの検査を行い、その検査記録を作成、保存する義務を履行した場合（11条2項）には、その製品に PSC マークを付けることができます（13条）。

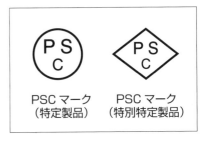

PSC マーク（特定製品）　　PSC マーク（特別特定製品）

特定製品の製造、輸入または販売の事業を行う者は、特定製品につき、PSC マークのないものは、販売することができません（4条）。

また、届出事業者が13条の規定によって表示する場合でなければ、製品にPSC マークまたは紛らわしい表示をすることは禁止されます（5条）。

3 消費生活用製品安全法の定めに違反した場合の制裁、措置等

1）報告、公表制度

消費生活用製品の製造または輸入事業者は、重大製品事故（死亡事故、重傷病事故、後遺障害事故、一酸化炭素中毒や火災）が生じたことを知ったときは、知った日から10日以内に製品の名称および型式、事故内容等を内閣総理大臣（消費者庁長官に委任）に報告しなければなりません（35条）。

また、内閣総理大臣（消費者庁長官に委任）は、重大製品事故による消費生活用製品による消費者の生命または身体に対する危害の発生および拡大を防止するため必要があると認めるときは、製品の名称および型式、事故内容等を公表するものとされています（36条）。

2）改善命令

主務大臣は、届出事業者に対し、基準適合義務に違反し、または、特定製品の欠陥により消費者の生命または身体に損害が発生した場合に損害の賠償を行う場合に備えてとるべき措置として6条により届け出た事項が省令に違反しているときは、改善命令を発することができます（14条）。

3）危害防止命令

　主務大臣は、消費生活用製品の欠陥により、重大製品事故が発生した場合その他消費者の生命または身体について重大な危害が発生し、または発生する急迫した危険がある場合において、その危害の発生および拡大を防止するため特に必要があると認めるときは、事業者に対して必要な措置をとることを命じることができます（39条）。

4）刑事罰

　前記、2の2）の販売、表示規制に違反した場合等、事業者に対して刑事罰が科されます（58条以下）。

＜事例－1＞

> 　X社は、自社工場で生産した家庭用圧力釜を全国の小売店に出荷した。ところが、その1年後、圧力釜が破裂して、使用者が全治3カ月の大やけどをする事故が発生した。

　圧力釜は消費生活用製品であり、事例の事故は重傷病事故といえますので、重大製品事故であると考えられます。

　したがって、X社は、その事故が発生したことを知ったときから10日以内に内閣総理大臣（消費者庁長官に委任）に対して報告をしなければなりません。

従業員に対する
コンプライアンス

1 労働法

1 労働法とは

　労働法という名前の単独の法律はありません。労働者が使用者に雇われて労働に従事し、対価として賃金を受け取るという雇用関係を中心に、労働に関するさまざまな場面を規律している法律の領域が労働法と呼ばれています。

　民法にも雇用契約というものが定められています（民法623条以下）。しかし、民法は、基本的に、対等な当事者が自由な意思により契約を結ぶ関係を前提としています。ところが、雇用関係においては、生産手段を握っている使用者と、生活のために働かなければならない労働者との間には現実的に大きな力の差があります。

　そこで、労働基本権を保障する憲法（憲法27条、28条）の規定に基づいて、当事者の合意によっても違反することが許されない労働条件の最低限の基準を定めたり（労働基準法）、労働者が団結して使用者と交渉する権利を保護したり（労働組合法）しているのが労働法です。労働災害補償のための保険制度や、職業紹介や失業保険のような雇用政策なども労働法の領域に含まれますが、ここでは使用者である企業と、労働者あるいはその団体である労働組合との関係を規律する法律を中心に説明していくことにします。

2 労働契約と労働条件

　個々の労働者と使用者の間に締結される契約で、労働者が使用者に使用されて労働を提供し使用者がこれに対して賃金を支払うことを約する契約を労働契約といいます（労働契約法6条参照）。労働契約は、労働者と使用者の関係の基礎となる基本的な概念です。賃金の額や労働時間などの労働条件は、この労働契約の内容ということになります。

　労働契約は、本来は労働者と使用者が対等の立場で協議し、合意することによって決定すべきものです（労働基準法2条、労働契約法3条）。しかし、前述のような力の差から当事者の合意のみに委ねては労働者に不利な条件が定められてしまうおそれがありますし、また、雇われるにあたって実際に会社との間で細かな労働条件を記載した契約書を交わしたというような人はほとんどいないでしょう。では実際には労働条件はどのようにして定まるのでしょうか。

3 労働条件決定の枠組み

1）労働基準法

　労働契約の定める労働条件は、労働基準法の定める基準を下回ることはできません。これに反する労働条件を当事者の合意によって定めても、同法の基準に反する部分は無効とされ、その部分は労働基準法の定める基準によることになります（労働基準法13条）。つまり、労働基準法は強行法規です。労働基準法の遵守については、労働基準監督署など行政官庁の監督に服する（97条以下）ほか、違反行為に対して刑事罰も定められています（117条以下）。労働基準法は、賃金（24条以下）、労働時間・休憩・休日・休暇（32条以下）、年少者（56条以下）、妊産婦（64条の2以下）などに関する労働条件の基準を定めるほか、最低賃金については最低賃金法の、労働者の安全・衛生に関しては労働安全衛生法の定める基準によると規定しています（28条、42条）。

２）労働協約

　労使の間に労働協約があるときは、この労働協約が労働条件を定めます。労働協約とは、団体交渉の結果として、労働組合と使用者または使用者の団体との間で書面によって結ばれた協定のことです（労働組合法14条）。労働協約に定める労働条件の基準に違反する労働契約の部分は無効とされ、その部分は労働協約の定めによることになります。また、個別の労働契約で定めていない事項には、労働協約の定めが適用されます（労働組合法16条）。

３）就業規則

　就業規則が定められているときは、就業規則の基準に達しない労働条件を定める労働契約の部分は無効とされ、その部分には就業規則が適用されます（労働契約法12条）。就業規則は、使用者の側が定める労働条件や服務規律についての規則ですが、法令はもちろん労働協約にも反することはできません（労働基準法92条）。一方、使用者が合理的な労働条件を定める就業規則を労働者に周知させていた場合には、個別の労働契約で異なる合意をしない限り、就業規則の定める労働条件が労働契約の内容になります（労働契約法７条）。常時10人以上の労働者を使用する使用者は、就業規則を定めて労働基準監督署に届け出なければならないことになっています（労働基準法89条）。

　以上のように、労働基準法、労働協約、就業規則と段階的に労働条件の基準が定められる結果、実際の労働条件は、多くの場合、就業規則や労働協約で決まることになります。このほか、労使間で長期間にわたって形成された慣行（労使慣行）が、就業規則や労働協約を補完することがあります。

４）労使協定

　労働協約とは別に、労使協定といわれるものがあります。これは、使用者と、ある事業場の労働者の過半数を組織する労働組合またはその事業場の労働者の過半数を代表する者とが書面で締結する協定のことをいいます。労働基準法などの強行法規が定める労働条件の基準は、前述のように当事者の合

意によっても違反することができないのが原則ですが、法が、労使協定の締結を条件に、特に例外を認める場合があります。例えば、労働基準法32条1項は、労働者に週40時間を超える労働をさせることを禁止していますが、労使協定を締結すれば、労働時間を延長することが可能になります（労働基準法36条、いわゆる三六協定）。労使協定が結ばれると、たとえ使用者と協議した労働組合や代表者がその事業場の労働者すべてを代表していなかったとしても、その効力はその事業場の労働者全体に及びます。

４ 労働基準法、労働契約法、労働組合法

１）個別的労働関係と集団的労働関係

　ここまでで「労働基準法」「労働契約法」「労働組合法」という労使の関係を規律する３つの基本的な法律が出てきましたが、これらの法律の性格について簡単に整理しておきます。

　まず、労働基準法と労働契約法は個々の労働者と使用者の間の労働契約関係（個別的労働関係）を対象とするのに対し、労働組合法は文字どおり労働組合と使用者の関係（集団的労働関係）を規律します。

　個別的労働関係について、労働基準法は、「勤労条件に関する基準は、法律でこれを定める」とする憲法27条２項に基づき、労働条件の最低基準を強行法規として定めたり、労働者に不利益な旧時代の制度慣行（中間搾取—労働基準法６条、賠償予定—16条、強制貯金—18条など）を禁止したりするものです。行政機関による監督や罰則の適用によって使用者にこれを遵守させようとする公法的な性格の法律といえます。一方、最低基準を超える部分や労働基準法に規定のない事項について労働者と使用者の間に生じた私法上の紛争に対しては、労働基準法は特別な解決基準を提示するものでは本来ありません。

２）判例法理と労働契約法

　しかし、民法の契約に関する規定だけでは労働者の保護に欠ける場面も出

てきます。そこで、裁判所は、裁判という労使間の具体的な紛争の解決の場面で、解雇権濫用法理（後述）などの労働契約にかかわる重要な判例法理を創り出し、労働契約の特性に応じた妥当な結論を導こうとしてきました。

　こうした中、近年個別的労働関係における紛争が増加してきたこともあって、労働契約における労使間の権利義務を明確化した労働契約の基本法の必要性が意識され、労働契約法が制定されたのです（2008年3月施行）。もっとも、立法過程で利害関係者の間で意見がまとまらなかったため、当初意図したものとは異なり、既存の判例法理を明文化するにとどまったという見方もあります。

＜事例－1＞就業規則による労働条件の変更

> 　X社は、その就業規則を変更して、55歳以上の従業員の賃金を以前より1割減らすことを定めた。その結果、従業員Aの給料が減額された。

1）就業規則の変更

　就業規則を作成または変更する場合には、労働組合または労働者の代表の意見を聴かなければなりませんが（労働基準法90条）、労働者との合意が必ず必要とされているわけではありません。労働契約は労使の合意によって締結されるものであり、一方の意思だけで契約の内容を変更することはできないので、Aが同意しないなら、原則としてX社は従来の就業規則の定める給料をAに支払う義務があることになります。

　もっとも、最高裁の判例は、就業規則の変更によって労働者の既得権を奪い、不利な労働条件を一方的に課することは原則として許されないとしながらも、統一的・画一的な決定を建前とする就業規則の性質から、当該規則条項が合理的なものである限り、個々の労働者が就業規則の変更に同意しないことを理由にその適用を拒むことは許されないという判断をしてきました。

2）判例の判断

　判例は、それまでも事実上58歳までは雇用を継続していた会社が、定年を55歳から60歳に延長する代わりに55歳以上の従業員の給料を３割以上引き下げたという事例で、

①　定年延長が当時国家的な政策課題であったこと

②　定年延長による人件費の増大を抑える経営上の必要性があること

③　変更後の賃金水準は同業他社の例と同様で、社会一般の水準からは高いこと

④　福利厚生面で一定の代償措置があること

⑤　従業員の９割を組織する労働組合と変更を認める労働協約が締結されていること

などを指摘して、就業規則の変更は合理的であり、非組合員である原告にも効力が及ぶとしました（第四銀行事件最判平成９（1997）年２月28日）。

3）労働契約法の規定

　この考え方は、今では労働契約法９条、10条に明文化されており、「就業規則を変更することにより、労働者の不利益に労働契約の内容である労働条件を変更することはできない」（労働契約法９条）が、使用者が「変更後の就業規則を労働者に周知させ、かつ、就業規則の変更が、労働者の受ける不利益の程度、労働条件の変更の必要性、変更後の就業規則の内容の相当性、労働組合等との交渉の状況その他の就業規則の変更に係る事情に照らして合理的なものであるときは」労働条件は変更後の就業規則の定めによる（10条）とされています。

5 採用に関する問題

1）採用の自由

　「採用」とは、使用者が労働者と労働契約を締結することにほかなりませんが、契約の締結は当事者の自由だというのが私法の大原則です。使用者の

側からいえば、どのような基準に基づいて誰を採用するかということは自由だということです。客観的に優秀な人材を選ばないで縁故者を採用しても、労働法に違反するわけではありません。

憲法14条との関係で批判はありますが、思想・信条を理由として採用を拒否することも当然に違法ではないとするのが最高裁の判例です（三菱樹脂事件最判昭和48（1973）年12月12日）。採用候補者の思想・信条を調査することも違法ではないとされました。採用後については「国籍、信条又は社会的身分」を理由とした労働条件に関する差別的な取扱いが禁じられますが（労働基準法3条）、採用そのものにはこの規定は適用されないと同判例は判示しました。採用の場面で使用者の自由を広く認める根拠として、憲法22条、29条が保障する使用者の側の営業の自由、財産権があげられています。

2）採用の自由の制限

男女雇用機会均等法、障害者雇用促進法、雇用対策法など個別の法律により、採用の自由にも一定の制約が加えられています。男女雇用機会均等法5条は、「募集」「採用」について、性別にかかわりなく均等な機会を与えることを要求しています（女性差別だけでなく、男性差別も禁止）。また、性別以外の事由を募集・採用の要件とする場合でも、その要件を満たす者の男女比率から実質的に性差別となるおそれのある措置（ただし、省令で定めるもののみ）は、合理的な理由がなければ講じてはならないとされています（7条、間接差別）。この規定に違反するとして厚生労働大臣から勧告を受けた企業がこれに従わなかったときは、企業名が公表されることがあります（29条、30条）。

採用すなわち労働契約の締結にあたっては、使用者は労働者に対して労働条件を明示する義務があります（労働基準法15条）。労働者が労働条件を理解することは、使用者との間で労働条件に関する合意が成立する前提だからです。明示すべき条件は労働基準法施行規則5条に定められています。一部の事項は書面で明示する必要があります。

6 労働契約の終了に関する問題

1) 労働契約の期間

　あらかじめ契約期間を定めた労働契約（有期労働契約）は、原則として3年を超えることはできません。高度の専門知識等を有する労働者など一定の例外の場合でも5年が上限です（労働基準法14条）。期間が長いほうがその間の雇用が保障されるようにも思えますが、労働者の側も長期間その契約に拘束される不利益があるからです。

　一方、いわゆる正社員については、期間の定めのない労働契約が成立しています。期間の定めがないというのは、永久に続くという意味ではなく、民法の雇用契約の規定によれば、労使どちらの側からも、いつでも解約の申入れをすることができ、申入れから2週間を経過すると契約は終了することになります（民法627条）。しかし、これでは使用者はいつでも労働者を解雇することができることになり、労働者の生活は非常に不安定なものになってしまいます。

2) 解雇の制限

　労働基準法は、使用者に解雇事由を就業規則に定めることを義務付ける（89条）、療養休業中や産前産後休業中などの解雇を禁止する（19条）、労働者を解雇する場合には少なくとも30日前に予告するか、30日分以上の賃金を支払うことを義務付ける（20条）、などの措置をとっています。

3) 解雇権の濫用の法理

　最高裁の判例は、さらに使用者の解雇の自由を制限する方向で判例法理を形成してきました。これは、「使用者の解雇権の行使も、それが客観的に合理的な理由を欠き社会通念上相当として是認することができない場合には、権利の濫用として無効になる」というもので、解雇権濫用の法理と呼ばれています（日本食塩製造事件最判昭和50（1975）年4月25日）。就業規則の定

める解雇事由にあたる場合でも、具体的な事情のもとにおいて著しく不合理で社会通念上相当といえないときは、解雇が無効になるとした判例もあります（高知放送事件最判昭和52（1977）年1月31日）。

　この判例法理は、その後労働基準法に明文化されましたが、労働契約終了の有効性の問題であることから、労働契約法の制定時に労働基準法から労働契約法（16条）に移されました。

4）権利濫用の法理の応用（雇止め法理）

　この解雇に関する権利濫用の法理は、「期間の定めのある労働契約」の更新拒絶（いわゆる雇止め）についても適用される場合があります。

　有期労働契約は、形式的には期間が満了すれば当然終了するものですが、判例上は、過去に反復更新された有期労働契約で、その雇止めが無期労働契約の解雇と社会通念上同視できると認められるものや、労働者において、有期労働契約の契約期間の満了時にその有期労働契約が更新されるものと期待することについて合理的な理由があると認められるものについては、雇止めが認められず、従前と同一の労働条件で、有期労働契約が更新される場合がありました。こうした過去の雇止めに関する判例法理は、労働契約法19条に明文化されています。また、有期労働契約に関する紛争を防止するため、労働基準法14条2項に基づき、厚生労働大臣により「有期労働契約の締結、更新及び雇止めに関する基準」が定められており、契約締結時に期間満了後の更新の有無を明示することや、雇止めの予告などを使用者に要求しています。

　以上に対し、労働者の側からの解約には労働法による特別な制限はなく、民法の原則どおり、期間の定めのない労働契約は申入れから2週間で終了させることができます。

＜事例－2＞内定の取消し

　大学4年生のBは、複数の会社の採用試験・面接などを受けてい

> たが、夏ごろに志望先の１つであるＹ社から内定通知をもらい、他
> の会社に対する就職活動を中止した。ところが、Ｙ社は年が明けて
> からＢに対し内定を取り消すという通知をした。

１）内定の意味

　日本では新卒正社員の採用活動は相当早い段階から行われ、いわゆる内定
が就業開始のかなり前に出されるのが一般的です。しかし、内定から本採用
までの間の労働者と使用者の間の権利関係がどのようなものかは、法律では
明確にされていません。

　この点、最高裁の判例（大日本印刷事件最判昭和54（1979）年７月20日）は、
その事件の事実関係のもとでではありますが、内定とは解約権留保付労働契
約であると判断しました。つまり、一定の事由が生じた場合は解約が可能と
いう条件がついていますが、労働契約はすでに成立しているということです。
内定取消しは留保された解約権の行使にあたります。

２）内定取消しの制限

　問題は、どのような場合に解約権の行使が可能になるのかですが、Ｙ社か
ら内定をもらったことで就職活動を中止し、他社への就職の機会を失ったＢ
にとって、内定取消しがいかに大きな不利益になるかを考えれば、取消しが
容易に認められないのは理解できるでしょう。前記判例は、「採用内定の取
消事由は、採用内定当時知ることができず、また知ることが期待できないよ
うな事実であつて、これを理由として採用内定を取消すことが解約権留保の
趣旨、目的に照らして客観的に合理的と認められ社会通念上相当として是認
することができるものに限られる」という判断を示しました。解雇権濫用の
法理と同様の判断枠組みをとったわけです。

3）事例における判断

　結局、内定取消しが認められるかどうかは、どちらの側にどのような理由があったのかという具体的な事情によります。この判例の事件では、「Bが陰鬱な印象を与えるから」というようなことを会社側は主張したようですが、内定取消しは認められませんでした。一方、会社の業績が急激に悪化したため、新規採用する余裕がなくなったというような場合は、取消しが認められる場合もあるでしょう。

　内定取消しが無効ということになると、Y社にはBを従業員として扱う義務があることになりますし、Bに損害賠償・慰謝料の支払いをしなければならないことも考えられます。

4）試用期間と本採用

　なお、判例上、解約権留保付労働契約という考え方は、内定取消しよりも早く、試用期間後の本採用の拒否の場合に採用されていました（前述の三菱樹脂事件）。この場合も、判例は基本的に内定取消しと同じ判断枠組みをとっています。内定取消し、試用期間後の本採用拒否は、本採用後の解雇に比べれば、認められる範囲が広いと一般に考えられています。

７ 働き方改革の問題

1）長時間労働

　「日本人は働きすぎ」として、労働環境の改善が叫ばれて久しかったのですが、近年、労働人口の減少、テクノロジーの進化などにより、喫緊の課題として働き方改革が求められ、法制化も急速に進んでいます。特に、長時間労働の削減に対する社会的要請の変化は大きく、過労死を起こしてしまった企業の、企業イメージに対する悪影響はかなり大きなものになっています。

　前述したように、三六協定を締結していなければ労働者に週40時間を超える労働をさせることはできず、協定なしで長時間労働をさせることは論外（中小企業に非常に多い）ですが、三六協定を締結していたとしても、上限に法

的拘束力のある規定がなかったことから、脳疾患、心臓疾患で労災認定されやすくなる目安である残業時間（１カ月100時間以上など）、いわゆる「過労死ライン」をできるだけ超えないような配慮が必要とされていました。そこで、2018年に労働基準法が改正され、特別な事情があっても月100時間未満とすることなど、法的に上限規制がかけられています。

２）メンタルヘルス

さらに、長時間労働や、後述のハラスメント（特にパワハラ）などとの関係で、企業が最も留意すべきものの一つに、メンタルヘルスがあります。

企業は、従業員に対する健康管理上の安全配慮義務（労働契約法５条）を負っています。メンタルヘルスを保持するためには適切な睡眠時間が必要であることはよく知られているため、睡眠時間を削らなければならないほどの長時間労働をさせることは避けなければならないのはもちろんですが、パワハラの有無や、業務内容の精神的負荷の高さ、従業員のメンタルの状況などを把握し、メンタル不調が生じないよう配慮しなければ、不幸にして過労死などの労働災害が発生した場合、企業が損害賠償責任を負うことになりかねません。

なお、2015年より、改正労働安全衛生法によって、労働者が50名以上の全事業場で、ストレスチェックの実施が義務化されています。

また、有給休暇の適正な取得、フレックスタイムや育児休暇などの制度促進など、個々の従業員の実情にあった働き方を促すことも、メンタルヘルスの向上につながります。

8 職場におけるハラスメント

１）企業の責任

職場におけるセクシュアルハラスメント（性的嫌がらせ）の問題は後を絶ちません。近年ではパワーハラスメント（職位上の力関係を利用した嫌がらせ）も深刻な問題となっています。

これらのハラスメントは当事者だけの問題として片付けることはできません。行為をした個人が民事・刑事の責任を負う場合があるのは当然として、民法上の使用者責任（民法715条）、代表者の行為についての企業の賠償責任（会社法350条）、従業員がハラスメントの被害を受けないよう必要な措置を講じるという労働契約に付随する義務に違反したという債務不履行責任（民法415条。なお、労働契約法5条参照）等、法的構成はともかく、企業自身も損害賠償責任を負うとされた事例は多くあります。

2）男女雇用機会均等法等の規制

　この点、セクハラについては、男女雇用機会均等法11条が、職場における性的な言動に対する労働者の対応により、その労働者が労働条件について不利益を受けたり（対価型セクハラ）、そのような言動により労働者の就業環境が害されたり（環境型セクハラ）することのないよう、労働者からの相談に応じ、適切に対処するために必要な体制の整備その他の措置を講じることを、事業主の責務として定めています。この事業主が講ずべき措置については、厚生労働大臣による指針が定められており、セクハラを行った者に厳正に対処する方針（懲戒事由とするなど）を就業規則等に定めること、セクハラ相談窓口を設置することなどを求めています。

　また、パワハラについても、2020年6月施行の労働施策総合推進法により、職場におけるパワハラ対策が、明確に事業主の法的義務とされています（中小企業は2022年4月から）。

9 労働組合と集団的労働関係

1）労働者の団結権と労働組合法

　個人としては使用者に比べて弱い立場にある労働者にとって、団結することによって使用者と対等の交渉をする力を持つことは重要です。憲法28条は、労働者の団結権、団体交渉権、争議権（労働三権）を保障したものと一般に解釈されています。この憲法の規定に基づいて、労働組合の組織・運営、団

体交渉のルールとその結果としての労働協約の効力などを規定している集団的労働関係の基本法が労働組合法です。

　団結権等の権利の実効性を高めるものとして、正当な労働組合の行為に対する刑事免責（労働組合法１条２項。ただし暴力は免責されません）、民事免責（８条）の規定があります。後者は、例えばストライキで操業が一時停止したため使用者が損害を被ったとしても、労働者に損害賠償の請求はできないということです。

２）労働組合

　労働組合は、労働者が主体的、自主的にその経済的地位の向上を目的として組織する団体です。使用者の利益を代表する者の参加を許したり、使用者から資金の援助を受けたり、政治運動を主たる目的とするものは、労働組合とは認められません（２条）。また、労働組合法に定める救済措置（後述の不当労働行為に対する救済など）を受けるためには、主として民主的な運営にかかわる一定の事項を組合の規約に定めなければなりません（５条）。

３）労働協約

　労働協約（14条）が、労働者個人と使用者の間の労働契約の内容を定める効力を持つことは前述しました（16条。規範的効力）。労働協約の変更は、就業規則と異なり、労働条件を不利益に変更する場合でも、一部の組合員をことさら不利益に扱うためになされたなど特段の事情がない限り、その効力は各組合員に及びます。労働協約の規範的効力は組合員にのみ及ぶのが原則ですが、一定の例外も定められています（17条、18条。一般的効力といいます）。

　労働協約は、期間を定める場合は最長３年が限度です（15条１項）。あまり長期間の拘束力を認めると、情勢の変化に対応できないおそれがあるからです。期間を定めないときは、労使のどちらからでも解約できます（15条３項）。

<事例－３>不当労働行為

> Cは、Ｚ社の労働組合の執行部に属し、同組合の使用者側との対決姿勢の強化を主導してきた。Ｚ社は、組織再編を行った機会に、Cに対して、Ｐ部門からＱ部門への異動を命じた。

1）不当労働行為の禁止

使用者はどこまで労働者に配置転換を命じることができるかということ自体も労働法の１つの論点ですが、ここでの問題は、労働組合法７条が禁じる不当労働行為にあたらないかということです。

同条は、使用者が、次のような行為をすることを不当労働行為として禁じています。

① 労働者が組合員であること、組合に加入または組合を結成しようとしたこと、組合の正当な行為をしたことを理由として解雇その他の不利益な取扱いをすること
② 組合への不加入または脱退を雇用条件とすること
③ 正当な理由なく団体交渉を拒むこと
④ 労働組合の結成または運営を支配し、またはこれに介入すること
⑤ 労働委員会への不当労働行為の申立て等を理由として報復的な不利益取扱いをすること

同条は、労働者の団結権を保障し、正常な集団的労使関係を維持するために使用者が守るべきルールを定めたものです。

2）事例の問題点

この事例では、①の不利益取扱いが問題となります。配置転換も不利益取扱いになり得ます。実際に不当労働行為にあたるかどうかは、Cの主導した組合の行為は正当なものだったか、Cの経歴に照らしてＱ部門で勤務させることが合理的か、異動によってCの社内的な地位に変化が生じるか、Ｐ部門

に余剰人員が生じているなど異動を命じる正当な理由が別にあるのか、Z社に組合活動を抑圧しようとする意図があったかなど、具体的な事情によって判断されることになります。

3）救済手段

　不当労働行為がなされた場合、労働者または労働組合は、労働委員会に救済を申し立てることができます（27条）。労働委員会とは、使用者、労働者、公益のそれぞれ同数の代表からなり、不当労働行為事件の審査、労働争議のあっせん、調停、仲裁をする組織です（19条、20条）。労働委員会の調査・審問の結果、不当労働行為であると判断されれば、救済命令が発せられます（27条の12）。不当労働行為は、直接罰則の対象とはされていませんが、行政訴訟に移行し、救済命令が確定判決で支持されてなお違反があった場合には、罰則の定めがあります（28条）。

　なお、不当労働行為による解雇は、法律行為として当然無効であるとする判例があります（救済命令によらなくても、裁判で無効を主張できます）。

10 非典型雇用（派遣労働）

1）労働関係の多様化

　労働関連法規が制定された当初は、正社員の工場労働者のような雇用形態が想定されていました。しかし、現代の労働者には専門知識を備えて高度の知的作業を行う者も多く、一方で、労働の形態は多様化しています。このような労働者像の変化が、労働関係に新しい問題を生じさせていることも意識することが大切です。正社員、つまり期間の定めのない労働契約によりフルタイムで勤務する労働者に対し、有期契約労働者、パートタイム労働者、派遣労働者などの雇用形態を非典型雇用と呼びます。

2）派遣労働

派遣労働とはX社との間で労働契約を締結した労働者がY社に派遣されてY

社の指揮命令を受けてＹ社のために労働に従事するという形態です（労働者派遣法２条１号）。Ｙ社と派遣労働者の間には労働契約はありません。派遣元のＸ社と派遣先のＹ社の間では労働者派遣契約が締結されます（26条）。請負と違うところは、請負であれば労働者はＹ社から指揮命令を受けない点です。

3）派遣労働に関する規制

　派遣労働は当初原則として禁止されていましたが（労働基準法６条参照）、1985年に労働者派遣法が制定され、その対象業務は当初の一部の専門的業務から段階的に拡大し、今では限られた業務（労働者派遣法４条）を除き、原則として解禁されています。製造業への労働者派遣も可能です。

　派遣先が、就業場所ごとの同一の業務について継続して労働者派遣を受け入れることができるのは、原則として３年が上限です（40条の２）。その期限を超えて派遣労働者を使用しようとするときは、派遣先は派遣労働者に対して直接雇用の申込みをしなければなりません（40条の４）。このような期間制限が設けられているのは、正社員としての雇用形態が派遣労働で置き換えられるのを防止しようという趣旨です。

　拡大してきた非典型雇用ですが、2008年秋以降の世界的不況の影響で、企業が一斉に派遣契約の解除や雇止めに向けて動き出し、大量の失業者を生む事態となり、社会問題化しました。これを受けて、労働者派遣法の目的には「派遣労働者の保護」が明記され、また派遣事業者に、派遣労働者のキャリア形成支援制度の導入を義務付け、派遣可能期間制限（３年間）の例外をおおむね撤廃し、偽装請負等の派遣を受け入れた時点で通常の労働契約が成立したとみなすなど、派遣労働者の保護のための改正がなされました。

公益通報者保護法

1 公益通報者保護法の趣旨と目的

　我が国においては、国民生活の安全を脅かす企業不祥事について、労働者などからの公益通報（内部告発）によって発覚し、その不正が是正されてきましたが、通報を行った労働者がその企業から懲戒解雇されるなどの不利益を受ける例も数多くありました。もちろん、民事裁判において、他の法律を根拠として労働者の救済を図ることも可能ですが、どのような場合に通報した労働者が保護されるのか不明確であり、労働者が不利益をおそれて通報を控えるという問題がありました。そこで、公益通報者保護法は、公益通報の要件を明確に定めて、その要件を満たす場合に企業が不利益を課すことを禁止して公益通報を行った労働者（公益通報者といいます）を保護すること、適切な公益通報によって国民生活の安全を図ることを目的として制定されました。

2 公益通報者保護法の基本的な内容

1）公益通報とは

　公益通報という言葉に、確立した定義はありませんが、公益通報とは、事業者の内部にいる人間が行政機関やマスコミ等の外部に違法行為を申告すること（外部通報。従来一般に「内部告発」と呼ばれていたもの）、事業者の内部にいる人間が経営トップやコンプライアンス担当部署に申告すること（内部通報）の双方を合わせたものであると理解されています。ただし、すべての公益通報が公益通報者保護法によって保護されるわけではありません。一定の要件を満たしたものだけが保護の対象になります。その保護要件については後述します。

2）公益通報者

　現行法では、公益通報者は労働者のみとされていました。しかし、2020年6月12日に公布された改正法（公布から2年以内に施行予定）によって、役員も対象者に加わりました。また、改正法によって、退職後1年以内の退職者も公益通報者の対象に加わりました。

3）不正な目的ではないこと

　企業の名誉や信用を害することを目的とした通報を防止するため、公益通報といえるためには、不正な目的でないことが必要です（公益通報者保護法2条）。

4）通報対象事実

　通報として保護される事実（通報対象事実）は、次に該当することが必要です。

①　国民の生命、身体、財産その他の利益の保護にかかわる法律に違反する犯罪行為の事実又は、過料の理由とされている事実

②　法律に違反する行為が直接犯罪行為として処罰されるわけではないが、その違法行為に対して課された行政処分に違反した場合に刑罰又は過料が科されるもの（間接罰規定違反）

　刑法、食品衛生法、建築基準法に違反する犯罪行為などが通報対象事実にあたりますが、対象法令は400以上あります。

5）通報の相手方と通報の保護要件

　公益通報者は、

①　企業のコンプライアンス担当部署等の事業者内部

②　通報対象事実に処分または勧告等をする権限を有する行政機関

③　その他外部の者（例えば、マスコミ）

にそれぞれ通報することができます。

もっとも、その通報が保護される要件は異なっています。会社のコンプライアンス担当部署等、事業者内部の通報が最も緩やかな要件で認められており、他方、事業者の外部に通報することの要件が厳しくなっています。したがって、行政機関やマスコミに通報することが当然に公益通報として保護されるわけではありません。

〈通報の保護要件〉

要　件	①事業者内部	②処分権限を有する行政機関	③事業者外部（通報対象事実の発生防止または被害の拡大防止に適当と認められる者）
不正の目的でないこと	必要（2条）	必要	必要
通報対象事実が生じ、またはまさに生じようとしていると思料される	必要（3条1号）	必要	必要
真実相当性（信じるに足りる相当の理由）	不要	通報対象事実等を記載した書面又は電磁的記録を提出する場合は不要(3条2号)	必要（3条3号）
その他特別の要件	なし	なし	i)内部通報では証拠隠滅のおそれがあること、ii)通報者を特定させる情報が洩れる可能性が高いこと、iii)書面による内部通報後20日以内に調査を行う旨の通知がないこと、iv)人の生命・身体への危害または財産に対する損害（回復困難または重大なもの）が発生する急迫した危険があること、などのいずれかに該当すること

なお、公益通報者が誤って通報対象事実に関する事業者に対して処分権限を有していない行政機関に通報した場合には、通報を受けた行政機関は、処分権限を有する行政機関を教示する義務を負っています（11条）。

3 公益通報者保護法の効果

1）解雇等の禁止
　公益通報をしたことを理由としてその労働者について解雇、労働者派遣契約の解除を行うことは無効となります（3条柱書、4条）。

2）不利益取扱いの禁止
　また、降格、減給や派遣労働者の交代を求めるなどといった不利益な取扱いも禁止されます（5条）。

3）他の法律との関係
　公益通報者保護法による保護の効果を受ける場合であっても、通報対象事実に関する通報をしたことを理由として労働者または派遣労働者に対して解雇その他不利益な取扱いを禁止する他の法令の規定の適用を受けることもできます（6条）。

＜事例－1＞

> 　食品製造業X社の工場勤務の従業員Aは、ある日、X社工場内において、工場長Bの指示で消費期限が改ざんされている現場を目撃したので、それを社長Cに報告したものの、社長は「そんなことは知らない。そんな証拠もあるはずない」と言って取り合ってくれず、逆に「これ以上うるさいこと言ったらクビだぞ」と脅された。

　消費期限の改ざんは、食品衛生法違反の行為であり、刑事罰も科されます。

食品衛生法は公益通報者保護法上も対象法令として扱われますので、通報対象事実に該当します。

そして、消費期限の改ざんについては真実相当性が認められ、さらに、Ｘ社社長Ｃがこれを隠滅するおそれが高いといえるような事情があれば、そこで、Ａは、事業者外部の者で被害の拡大を防止するために必要であると認められる者（マスコミ等）に対して、通報することができると考えられます。

また、Ｘ社が通報を理由としてＡを解雇したとしても、無効になると考えられます。

＜事例－２＞

> 　Ｙ社従業員Ｄは、同社取締役Ｅが会社の資金を横領していることに気づいた。Ｙ社には社長直轄の法令遵守室があったが、Ｄは、正義感に駆られて、法令遵守室に通報せず、Ｓ新聞社に情報を流してしまった。Ｙ社はＤを、就業規則の定めるところに従い、減給処分を行った。

Ｅの横領行為は刑法違反であり、通報対象事実に該当します。しかしながら、Ｄは、社内に社長直轄の法令遵守室があったのですから、法令遵守室に通報すれば、社長の指揮のもと、適切に調査が行われ、横領行為の是正が可能であったと考えられ、内部通報では証拠隠滅のおそれがあるとはいえません。

したがって、ＤのＳ新聞社への通報は、公益通報者保護法により保護されず、Ｙ社の減給処分が有効とされると考えられます。

<事例ー３>

　　自動車製造業Ｚ社に対して、販売店から、同社製造の自動車のエンジンが走行中突然停止し、ブレーキが制御不能になるという報告が複数寄せられた。技術部門従業員Ｆの部署で調査したところ、エンジンを制御するコンピュータに欠陥があることが分かった。Ｆは、上司Ｇに報告したところ、後日Ｇから、今回の件は車検や定期点検入庫の際に個別に修理するので、国土交通省には届け出ないとＺ社内で決定したと告げられた。Ｆは国土交通省に通報することができるか。

　道路運送車両法は、自動車の構造、装置や性能が保安基準に適合していないおそれがあると認める場合で、その原因が設計または製作の過程にあると認めるときは、国土交通大臣は必要な改善措置をとるよう勧告することができ（63条の２第１項）、メーカーが改善措置をとらない場合には、改善措置をとるよう命じることができます（同条５項）。

　この命令に違反した場合には、刑事罰が科されます（106条の４第１号）。

　また、自動車メーカーが改善措置を講じようとするときは、事前に国土交通省に改善措置の内容を届け出る義務があり（63条の３第１項）、これを怠ると刑事罰が科されます（106条の４第２号）。

　道路運送車両法は、公益通報者保護法の対象であり、Ｚ社が改善措置をとらないと決めた行為は、違反した場合に刑事罰が科される改善措置の勧告・命令の対象となり（間接罰規定違反）、通報対象事実に該当します。また、改善措置の内容を届け出ずに修理する行為は、直接の刑事罰規定がありますので、これも通報対象事実です。

　さらに事例文にあるように、通報対象事実が生じていることがＺ社の調査から判明していますので、通報対象事実が生じていると信じるに足りる相当の理由もあると考えられます。

したがって、従業員Fは、国土交通省に対し、自動車のエンジンを制御するコンピュータの欠陥の事実を通報することができると考えられます。

４ コンプライアンスと公益通報者保護法との関係

　現行の公益通報者保護法は、保護の対象者、通報対象事実、保護要件が限定的なものとなっていたため、かねてより批判がありました。そこで、「公益通報者保護法の一部を改正する法律」（2020年６月12日公布）により、公益通報者保護法が改正され、2022年６月12日までに施行されます。

　具体的には、保護の対象者として１年以内の退職者や役員の追加、通報対象事実として刑罰に加えて行政罰としての過料の追加、行政機関や事業者外部への通報の際の保護要件の緩和、事業者に対する内部通報への適切な対応のための体制整備の義務付け等の改正がなされました。

　コンプライアンスとの関係では、この内部通報は、通常のラインの情報伝達が機能しない場合などに情報の流れを作るという意味で、「予防的コンプライアンス」の重要な要素として機能するものであり、組織の目的に反する行為を未然に予防する役割を担います。企業における公益通報のための体制整備が義務付けられ、公益通報者の保護も厚くなったことから、労働者としても公益通報に踏み出しやすくなったものといえます。それに伴い、各企業の「予防的コンプライアンス」が促進されるものと考えられます。

インターネットと
コンプライアンス

1 電子商取引に関する法律

1 電子商取引と法・ルール

　電子商取引においても、一般の商取引における場合と同様に、ビジネスの各段階において民法等の一般法のほか、消費者契約法、景品表示法、特定商取引法等の表示義務や広告規制、個人情報保護の問題、各種業法規制などのあらゆる法規制が及んできます。

　他方で、電子商取引は、相対取引とは異なり、相手方の姿が見えない中で不特定多数の者が関与する点が特徴です。そのため、従来の商慣習と同じとはいえない状況が生じており、一層の「取引ルールの明確化」「消費者保護」が求められています。

　そこで、以下においては、電子商取引における特有のルール（法律）について説明します。

2 ビジネス上で重要な内容について

1）電子消費者契約における錯誤

　民法上、意思表示に対応する意思を欠く錯誤、または、表意者が法律行為の基礎とした事情についてのその認識が真実に反する錯誤があり、その事情が法律行為の基礎とされていることが表示されていたときに、その錯誤が法律行為の目的及び取引上の社会通念に照らして重要なものであるときは、取

り消すことができます（民法95条１項、２項）。一方で、錯誤が表意者の重大な過失によるものであった場合には、相手方が表意者に錯誤があることを知りまたは重大な過失によって知らなかったとき、および、相手方が表意者と同一の錯誤に陥っていたときを除いて、取消しをすることができない（民法95条３項）と規定されています。

　しかし、電子商取引においてはコンピュータの操作の誤りなどにより、誤った意思表示がなされることが少なくありません。そこで、「電子消費者契約及び電子承諾通知に関する民法の特例に関する法律（電子消費者契約法）」は、消費者が行う電子消費者契約に特定の錯誤があった場合に関し、民法の特例を定めています。

　すなわち、消費者である利用者の錯誤については、事業者は、消費者から意思表示に対応する意思を欠く錯誤があり、その錯誤が法律行為の目的及び取引上の社会通念に照らして重要なものであって、かつ、消費者がその使用する電子計算機を用いて送信した時に当該事業者との間で電子消費者契約の申込みまたはその承諾の意思表示を行う意思がなかったとき、または消費者がその使用する電子計算機を用いて送信した時に当該電子消費者契約の申込みまたはその承諾の意思表示と異なる内容の意思表示を行う意思があったとの主張がされた場合、消費者に「重大な過失」があるとして、民法95条３項により契約が有効であると主張することはできない（電子消費者契約法３条）とされています。

　ただし、当該電子消費者契約の相手方である事業者が、当該申込みまたはその承諾の意思表示に際して、ウェブの画面上で、申込みもしくはその承諾の意思表示を行うかどうかについて確認を求める措置を講じた場合、またはその消費者から当該事業者に対して当該措置を講ずる必要がない旨の意思の表明があった場合は、この限りではありません。

２）電子契約における承諾の効力発生時期

　契約は、申込みの意思表示と承諾の意思表示の合致によって成立します。

そして、意思表示は、相手に到達してはじめて効力を主張できる（民法97条1項。到達主義）。インターネット上の取引におけるような電子承諾通知についても同様です。

なお、電子商取引及び情報財取引等に関する準則では、「受信者が指定した又は通常使用するメールサーバー中のメールボックスに読み取り可能な状態で記録された時点で」、または「相手方の端末等の画面上に通知が表示された時点で」承諾の意思表示が到達したものとされています。

3）電子商取引及び情報財取引等に関する準則

これは、電子商取引および情報財取引等に関するさまざまな法的問題点について、民法をはじめとする関係する法律がどのように適用されるのか、その解釈を示し、取引当事者の予見可能性を高め、取引の円滑化に資することを目的として、経済産業省が定めたものです。

電子商取引等に関するさまざまな問題について、行政府における解釈基準を示すものといえますので、実務上の指針として、下記アドレスより最新の情報を参照してください。

（https://www.meti.go.jp/policy/it_policy/ec/index.html）

＜事例－1＞

> X社が運営する通信販売サイトにおいて、Aはパソコン10台を注文したつもりだったが、入力を誤ったために100台のパソコンが届いてしまった。AはX社に対してパソコン90台を返品したいと思っているが、可能だろうか。

AはX社に対して錯誤取消しを主張したうえで返品することになります。その際、Aに重過失があっても本件は電子商取引ですので、X社はその担当者の重過失を主張して契約の有効を主張することはできません。

もっとも、X社がウェブ上に、申込画面だけではなく、いわゆる「確認画面」を設けて消費者の意思確認をしたり、最終的な意思表示となる送信ボタンを押す前に、申込みの内容を表示し、そこで訂正する機会を与える画面を設定するなどの措置をしていれば、X社はAの重過失を主張して、契約の有効性を主張することができます。

2 不正アクセス禁止法

1 不正アクセス禁止法の趣旨と目的

　ビジネスにおいては、自社製品の販売や、取引先への振込みなどでインターネット環境を欠かすことはできません。

　その利用に際しては、自分のID・パスワード等を保有し、これを入力することによって、他人による使用を防いでいます。

　しかし、ID・パスワードによるアクセス制御機能があるネットワークコンピュータに対して、他人のIDやパスワードの無断使用やシステムのセキュリティの弱点を突くことによって侵入する行為が規制されないとすれば、国民はインターネット販売やインターネットバンキングなどを安心して利用できなくなり、高度情報通信社会の発達が阻害されてしまいます。

　そこで、ネットワークを通じた不正アクセス行為の規制や不正アクセス行為の再発防止についてのアクセス管理者に対する援助措置の規定の創設等を目的として、2000年に「不正アクセス行為の禁止等に関する法律」（不正アクセス禁止法）が施行されました。

2 不正アクセス禁止法の基本的な内容

1）不正アクセスとして禁止される行為

不正アクセスとして禁止される行為は次のとおりです。

① **他人の識別符号を無断で入力する行為**（不正アクセス禁止法2条4項1号）

正規の利用権者等である他人の識別符号（ID・パスワード、指紋、電子署名等）を無断で入力することによって利用制限を解除し、特定利用（ネットワークに接続しているコンピュータをネットワークを通じて利用すること）ができる状態にする行為です。

具体的には、他人のID・パスワード等を入力して、他人のホームページを書き換えたり、他人の名前でインターネットバンキングを行ったりすることです。なお、アクセス管理者が行う場合およびアクセス管理者または入力する識別符号を付与されている利用権者の承諾を得て行う場合は禁止の対象から除外しています。

② **アクセス制御機能による特定利用の制限を免れることができる情報または指令を入力する行為**（同2号、3号）

いわゆるセキュリティホール（アクセス制御機能のプログラムの欠陥、アクセス管理者の設計上のミス等のコンピュータ・システムにおける安全対策の不備）を攻撃する行為です。

①が他人のID・パスワードを使って他人に成りすます行為であるのに対し、②は特殊な情報・指令を入力してアクセス制御機能を回避する行為を対象とする点が異なります。

なお、この場合も、アクセス管理者またはその承諾を得た者が行う場合は禁止の対象から除外しています。

2）不正アクセス行為の特定

不正アクセス行為は、「電気通信回線を通じて」行われるもの、すなわち

コンピュータ・ネットワークを通じて行われるものに限定されています。

　したがって、スタンドアロンのコンピュータ（ネットワークに接続されていないコンピュータ）を無断で使用する行為や、ネットワークに接続されアクセス制御機能により特定利用が制限されているコンピュータであっても、例えば会社に侵入し、当該コンピュータのキーボードを直接操作して無断で使用する行為は、不正アクセス行為には該当しません。

３）不正アクセス罪の成立要件

　１）、２）から、不正アクセス罪が成立するためには、次のことが必要です。

① 　特定電子計算機、すなわちコンピュータ・ネットワーク（インターネットなどのオープンネットワークのほか、企業内ＬＡＮのように外部と接続していないものなども含みます）に接続されているコンピュータに対して行われたこと

② 　コンピュータ・ネットワークを通じてコンピュータへのアクセスが行われたものであること

③ 　他人の識別符号またはアクセス制御機能による特定利用の制限を免れることができる情報または指令が入力されたこと

④ 　アクセス制御機能によって制限されている特定利用をすることができる状態にさせたこと（特定利用をしてしまう行為をも含みます）

４）不正アクセス行為を助長する行為の禁止（5条）

　例えば、「○○システムを利用するためのIDは△△、パスワードは□□である」という情報を他人に口頭で教える、あるいは電子掲示板に書き込むような行為は、不正アクセスを助長する行為であり、不正アクセス行為助長罪として禁止されています。

　この不正アクセス行為助長罪が成立するためには、次のことが必要です。

① 　識別符号が付与された者に無断で、当該識別符号が提供されたこと

② 　業務その他正当な理由による場合でないこと

提供された ID・パスワードがどのウェブサイト（のサービス）に対するものかが明らかでなくとも、多数の ID・パスワードを入力すれば一定程度の割合で不正ログインに成功する場合があることから、2012年の法改正により「業務その他正当な理由による場合」を除いて他人の ID・パスワードを提供する行為がすべて禁止されました。

　なお、「業務その他正当な理由による場合」とは、不正アクセス行為を防止する目的で行われたものなど、社会通念上、正当と認められるような場合をいいます。

3 不正アクセス禁止法の定めに違反した場合の制裁、措置等

① 不正アクセスの禁止については、3年以下の懲役または100万円以下の罰金に処せられることとなっています（11条）。

② 不正アクセス行為を助長する行為については、1年以下の懲役または50万円以下の罰金に処せられることとなっています（12条2号）。

＜事例－1＞

> 　X社の従業員Aは、ライバル会社であるY社の営業秘密を盗もうと考え、Y社従業員BのIDとパスワードを取得し、これを利用して、インターネット上のBのメールを閲覧した。

　Aは、コンピュータ・ネットワークを通じて、コンピュータに対して、IDとパスワードを入力することにより、Bのみが利用できるアクセス制御機能を解除して、Aが利用できる状態にしており、不正アクセスに該当します。したがって、Aは、3年以下の懲役または100万円以下の罰金に処せられると考えられます。

プロバイダ責任制限法

1 プロバイダ責任制限法の趣旨と目的

近年、インターネット等の高度情報通信ネットワークを通じた情報流通が著しく拡大し、国民の利便性が向上する一方、インターネット等の利用に関する負の事象の1つとして、他人の権利（名誉権、プライバシー権などの人格的権利や著作権、商標権などの知的財産権等）を侵害する情報の流通が社会問題化しています。

そこで、「特定電気通信役務提供者の損害賠償責任の制限及び発信者情報の開示に関する法律（プロバイダ責任制限法)」は、特定電気通信による情報の流通によって権利の侵害があった場合について、特定電気通信役務提供者（プロバイダ、サーバの管理・運営者等）の損害賠償責任の制限および個人の発信者情報の開示を請求する権利について定めています。

なお、2021年4月21日にプロバイダ責任制限法の改正法が成立し、1年6カ月以内に施行が予定されています。

2 ビジネス上で重要な内容について

1）被害者に対する損害賠償責任の制限

プロバイダ等は、以下の、①または②の場合でなければ、他人（被害者）からの要求に応じた削除を行わなくても、被害者に対して賠償責任を負わないものとしています（プロバイダ責任制限法3条1項)。

① 他人の権利が侵害されていることを知っていたとき

② 違法情報の存在を知っており、他人の権利が侵害されていることを知ることができたと認めるに足りる相当の理由があるとき

2）発信者に対する損害賠償責任の制限

プロバイダ等は、他人（被害者）からの要求に応じて情報を削除しても、以下の、①または②に該当する場合、発信者に対しては、損害賠償責任は負わないものとしています（3条2項）。

① 他人の権利が侵害されていると信じるに足りる相当の理由があったとき

② 権利を侵害されたとする者から、違法情報の削除の申出があったことを発信者に連絡し、発信者から7日以内に反論がない場合

3）被害者に対する発信者情報開示請求権の付与

同法は、プロバイダ等の責任制限を定めるだけではなく、プロバイダ以外の者の権利についても定めています。すなわち、著作権侵害や名誉毀損等の被害者は、以下の、①②のいずれにも該当する場合に限り、プロバイダ等に対して発信者情報の開示を請求できるとしています（4条1項。改正法においては5条1項）。

① 請求する者の権利が侵害されたことが明らかであること

② 損害賠償請求権の行使のために必要である場合、その他開示を受けるべき正当な理由があること

そして、被害者は、発信者情報の開示を受けることによって、相手方加害者の氏名、住所を知ることができ、それによって民事訴訟の裁判等による権利救済を求めたり、刑事告訴をしたりすることができることになります。

もっとも、同条4項（改正法では6条4項）で、プロバイダ等が、開示に応じないことにより生じた損害については、故意または重過失がある場合でなければ損害賠償の責任を負わない旨の免責を規定していますので、発信者が開示に同意しない場合には通常裁判手続き（発信者情報開示請求訴訟）を通じて発信者情報の開示を受けることになるでしょう。

<事例－１>

> X社が運営する電子掲示板に、ハンドルネームＡを名乗る者から、「Ｙ社は詐欺会社で、原価１万円のマッサージ機を10万円で売っている。みんな買わないように気をつけて」というＹ社を誹謗中傷する書き込みがなされていた。Ｙ社の法務担当であるＢは、Ｘ社に対してどのような請求をすることができるだろうか。また、Ｘ社としてはどのように対応すればいいのだろうか。

１）送信防止措置依頼

　Ｂとしては、風評被害が広まるのを防ぐために、Ｘ社に対して送信防止措置を講ずるように依頼することができます。

　そして、Ｘ社の対応としては、本件書き込みがＹ社の名誉毀損に該当すると「信じるに足りる相当の理由」があるときは送信防止措置を講じることになります。

　このような対応をすれば、Ｙ社から名誉毀損のほう助として、不法行為に基づく損害賠償請求を受けることも防げますし、また逆にハンドルネームＡを名乗る者からの表現の自由を侵害したとして損害賠償請求を受けることも避けることができます（３条２項１号）。

２）発信者情報開示請求

　また、Ｂとしては、本件風評被害の損害額が大きいために送信防止措置を講じるだけでは、すでに発生した損害の回復ができず、直接ハンドルネームＡへ損害賠償請求をしたいと考える場合には、Ｘ社およびハンドルネームＡが使用している経由プロバイダに対してハンドルネームＡの本名と住所を開示するように依頼することが考えられます。

　もっとも、送信防止阻止の場合と異なり、Ｙ社の権利が侵害されたことが「明らかである」必要があります。したがって、原則として、ハンドルネー

ムAの同意がない場合には、明らかに強行法規や公序良俗に反するというような書き込みがなされていなければ、X社はこれに従う必要はないと考えられています。よって、本件のようなケースでX社は発信者情報の開示には応じないことが多いでしょう。X社は、任意に開示する際に判断を誤ると、通信の秘密の侵害を構成し、ハンドルネームAから責任追及を受けることにもなる場合があるからです。

この場合には、Y社は改めて発信者情報開示請求訴訟を提起して、裁判所の判断を仰ぐことになります。

書式等については、次のサイトが参考になります。

（参考サイト）http://www.isplaw.jp/

 ## 4 特定電子メール法

1 特定電子メール法の趣旨と目的

不特定多数のパソコンや携帯電話に向けて、出会い系サイト等への勧誘の電子メールを大量に送りつける迷惑メールが社会問題化したことに伴い、2002年、「特定電子メールの送信の適正化等に関する法律（特定電子メール法）」が制定されました。

そして、近年、迷惑メールの送信の悪質化、巧妙化の状況にかんがみ、2008年に特定電子メール法が改正され、原則としてあらかじめ同意した者に対してのみ送信が認められる「オプトイン方式」が導入されるなど、迷惑メール対策の強化が図られました。改正法は、2008年12月1日に施行されています。

2 特定電子メール法の基本的な内容

1）特定電子メールとは

「特定電子メール」とは、「営利目的の団体または営業を営む場合における個人」である送信者が「自己または他人の営業につき広告または宣伝を行うための手段として送信する電子メール」のことをいいます（特定電子メール法2条2号）。

したがって、営利目的を有しない政治団体・宗教団体・NPO法人・労働組合等の非営利団体が送信する電子メールは、特定電子メールにあたりません。また、「営業につき広告または宣伝を行うための手段」は、営業上のサービス・商品等に関する情報を広告・宣伝するもののほか、営業上のサービス・商品等に関する情報を広告・宣伝するウェブサイトへ誘導することを送信目的に含む電子メールや、SNS（Social Networking Service）への招待や懸賞当選の通知、友達からのメールなどを装って営業目的のウェブサイトへ誘導しようとするものも含みます。

他方、取引上の条件を案内する事務連絡や料金請求のお知らせなど取引に関する通知や、単なる時候の挨拶などは、「特定電子メール」にあたらないものと考えられます。

2）特定電子メール送信の原則禁止

送信者は、原則として、あらかじめ特定電子メールの送信をするように求める旨または送信をすることに同意する旨を送信者等に対して通知した者以外には、特定電子メールを送信することは禁止されています（3条1項1号）。

このように、特定電子メールを送信することは原則として禁止されており、一定の場合（同条項2号から4号に規定の場合）や、受信者が事前に送信を求める旨または送信に同意する旨を通知した場合に限り、特定電子メールを送信することができます。これを、「オプトイン方式」による規制といいます。

「同意」といえるには、①受信者に対して、広告・宣伝メールの送信が行

われることと、その送信を行う者が誰であるかを通常の人間であれば認識できるような形で示したうえで、②受信者が賛成の意思を表示すること、が必要です。

　もっとも、送信する電子メールの種類や内容まで特定して同意をとることは、法律上の義務としては求められていません。

3）記録保存義務

　受信者が、特定電子メールの送信をするように求めた場合または送信をすることに同意した場合、送信者は、当該求めまたは同意があったことを証する記録を保存しなければなりません（3条2項）。

4）受信拒否（オプトアウト）

　送信者は、受信者が特定電子メールの送信に同意した場合であっても、その後、受信者から、電子メールアドレスを明らかにして特定電子メールの送信をしないように求める旨の通知を受けたときは、原則として、その通知に示された意思に反して特定電子メールを送信することはできません（3条3項）。

5）表示義務

　送信者は、特定電子メールの送信にあたっては、受信者のメール画面に、次の事項を正しく表示しなければなりません（4条、施行規則7条・9条）。

①　表示事項

　　ⅰ）送信責任者の氏名・名称

　　ⅱ）受信拒否（オプトアウト）の連絡先となる電子メールアドレス等

　　ⅲ）オプトアウトの通知ができる旨の記載（＊）

　　ⅳ）送信責任者の住所（＊）

　　ⅴ）苦情等受付のための電話番号、電子メールアドレスまたはURL（＊）

　　（＊）一定の場合（施行規則6条規定の場合）は、表示義務がありま

せん。

② 表示の方法

上記ⅰ）、ⅱ）………受信者が容易に認識することができる任意の場所

上記ⅲ）……………上記ⅱ）の前後

上記ⅳ）、ⅴ）………リンク先を含む任意の場所

3 特定電子メール法の定めに違反した場合の制裁・措置等

1）措置命令（7条関連）

総務大臣および内閣総理大臣は、電子メールの送受信上の支障を防止するため、前記の特定電子メールに関する規定を遵守していない送信者に対して、電子メールの送信の方法の改善に関し必要な措置をとるべきことを命ずることができます（7条）。

2）刑事罰

送信者が前記命令に従わない場合、次の刑事罰が科されます。

① 同意のない者への送信（3条1項）、受信拒否者への送信（3条3項）、表示義務違反（4条）

1年以下の懲役または100万円以下の罰金（34条2号）。法人の業務に関し違反行為が行われた場合、法人にも3000万円以下の罰金が科されます（37条1号）。

② 同意の記録保存義務違反（3条2項）

100万円以下の罰金（35条1号）。法人の業務に関し違反行為が行われた場合は、法人に対しても100万円以下の罰金が科されます（37条2号）。

<＜事例－１＞

> X株式会社で営業を担当しているＡは、Ｘ社製品の売上げを上げるため、製品を宣伝・広告する電子メールを作成し、膨大な数のランダムなメールアドレスに対して当該電子メールを送信した。

Ａは、３条１項（同意のない者への送信）に違反する行為を行っているため、総務大臣および内閣総理大臣により、行為の禁止を命じられることが考えられます。

Ａがこの命令に従わず、さらに同様のメールを送信し続けた場合、Ａは、１年以下の懲役または100万円以下の罰金を科せられ、また、Ｘ社は3000万円以下の罰金を科されることもあります。

刑法とコンプライアンス

1 刑 法

1 刑法の趣旨と目的

　刑法は、どのようなことをした場合に犯罪となり、どのような刑罰が科されるのかについて定めた法律です。犯罪と刑罰を定める規定は、基本的には刑法典にあります（ただし、刑法典以外の法律の中に特別に刑罰法規が定められていることもあります。例えば金融商品取引法上のインサイダー取引など）。

　刑法は、国民生活上の利益を侵害するような悪質で非難に値する行為を犯罪として禁止しています（法益保護）。そして、犯罪に対して刑罰による制裁を科すことで、他の同種犯罪を抑止し（一般予防）、その犯罪者を更生させることで（特別予防）、社会秩序を維持しようとしています。同時に、刑法は、どのような行為が犯罪として禁止されるのかを明示することで、それ以外の行為については国民生活上の自由を保障する機能もあります。

2 刑法の基本的な内容

1）主な犯罪類型

　どのような行為が犯罪となるのかを簡単に述べるなら、刑法等の条文（これを「構成要件」といいます）に書かれ、社会的に許されないような悪質な違法行為で、非難に値し、その責任を問えるようなもの、ということができ

ます。つまり、犯罪とは基本的に、構成要件に該当し、違法かつ有責な行為とまとめることができます。

　刑法上犯罪とされているものには、殺人罪や傷害罪、窃盗罪などのほかに、経済活動に関連して問題となり得るものに、①詐欺罪、横領罪、背任罪、恐喝罪、盗品等関与罪、②業務妨害罪、③名誉毀損罪、④文書偽造罪、⑤強制執行妨害罪、談合罪、⑥賄賂罪、などがあります。そのほかにも、さまざまな犯罪があります。いくつかの犯罪の例を簡単に示します。

罪　名	違反行為の例	条　文	刑　罰
窃盗罪	人の所持している物を奪う行為。	235条	10年以下の懲役または50万円以下の罰金
業務上横領罪	会社の集金業務を担当し、預かっている現金を、自分のものにした。	253条	10年以下の懲役
背任罪	金融機関の支店長が、債務超過状態で返済能力のない知人の会社に対して、内規に違反して無担保で貸付けを行い、その金融機関に損害を与えた。	247条	5年以下の懲役または50万円以下の罰金
盗品等有償譲受罪	仕入れ商品が盗品であることを知りながら、購入した。	256条2項	10年以下の懲役および50万円以下の罰金

2）刑法の主な基本原理

① 罪刑法定主義

　罪刑法定主義は、どのような行為が犯罪となり、どのような刑罰が科されるのかについては、あらかじめ法律に明確に定められていなければならないという原則です。これは、犯罪や刑罰については、国民を代表する国会が法律によって定めるべきで、そして、前もって明らかにすることで国民の自由を保障するべきだという、民主的かつ自由主義的な理念に基づくものです。

したがって、刑法等の法律によって犯罪として定められている以外の行為については、犯罪とはなりません（罪刑法定の原則）。

　また、この罪刑法定主義のもとでは、犯罪として法律で定められていない行為を後からさかのぼって処罰することは許されないこととされており（遡及処罰禁止の原則）、また、法律に規定されていない事項について、刑罰規定と類似するという理由だけで処罰することも許されないとされています（類推解釈禁止の原則）。

② **責任主義**

　犯罪は、行為者が非難可能な場合にはじめて成立し、その刑罰も非難の程度に見合ったものでなければならないといった要請を、責任主義といいます。

　この原則から、精神病などで、何もわけが分からずに犯罪を行ってしまったような心神喪失者の行為は刑罰の対象にはならないこととなります。また、例えば初犯で一度きりの軽い万引き程度であれば、すぐに懲役10年もの実刑までにはならないと予想することが可能です。

3）文書偽造罪、詐欺罪等
＜事例－1＞

> 　介護施設従業員のＡは、多額の借金を抱えていたところ、施設の高齢者Ｂが保管する預金通帳や印鑑を利用して、Ｂの預金を引き出そうと考え、銀行の預金払戻請求書をＢ名義で作成、提出したうえ、100万円の預金を引き出した。

① **有印私文書偽造罪等**

　刑法159条1項は、「行使の目的で、他人の印章若しくは署名を使用して権利、義務若しくは事実証明に関する文書若しくは図画を偽造し……た者は、3月以上5年以下の懲役に処する」と定め、私文書を偽造する行為を

処罰しています。そして、偽造した私文書を行使する行為については、偽造私文書等行使罪が成立します（刑法161条）。

　また、私文書を変造する行為も同様に処罰されます。他人の名義を権限もなく勝手に冒用して署名するなど、文書を作成する場合は偽造、完成した文書の本質的部分以外を権限もなく改ざんするような行為が変造です。

　＜事例−1＞の預金払戻請求書は、「権利、義務若しくは事実証明に関する文書」にあたりますが、Aは、Bの印鑑等を利用してB名義の預金払戻請求書を権限もなく作成し偽造したうえで、銀行に対して提出し行使しています。Aは当初から偽造した預金払戻請求書を行使する目的があったとうかがわれますから、Aの行為には有印私文書偽造罪と偽造私文書等行使罪が成立するでしょう。

②　詐欺罪

　刑法246条1項は、「人を欺いて財物を交付させた者は、10年以下の懲役に処する」と定めています。つまり、詐欺罪は、相手を欺くことで錯誤に陥れ、その財物を交付させることによって相手に損害を与えるような行為を、犯罪として禁止しているのです。同様の行為によって財産上の利益を得る場合についても、246条2項によって禁止されています。

　＜事例−1＞では、Aは、B名義の印鑑のある預金払戻請求書を提出して銀行の担当者を欺いたうえ、錯誤に陥れ、現金という財物を交付させて銀行に損害を与えたのですから、詐欺罪になります。なお、この後、Aが銀行に現金を返したとしても、詐欺罪であることには変わりはありません。現金の交付を受けた時点で、詐欺既遂罪が成立してしまいます。

　仮にこの事例で、銀行担当者の錯誤を利用するわけでもなく、ATM等でキャッシュカードを使用するなどして預金を引き出した場合であれば、単なる窃盗罪になります。詐欺罪が成立するためには、人の錯誤を利用して財物を交付させたのかどうかがポイントとなります。

4）業務妨害罪、恐喝罪等

　最近は暴力団の手口も巧妙になっているようですが、分かりやすい例として＜事例－2＞を検討してみることにします。この事例では、業務妨害罪や恐喝罪が問題となります。

＜事例－2＞

> 　ある地域で店をオープンしたところ、暴力団員風の男Cが訪ねてきて、毎月金銭を支払うように要求された。断ったところ、それ以来、店に汚物をまく、店の備品等を破壊する等の行為をされた。その後、同様の行為をやめてほしければ、高額の金銭を支払うようにとの要求を受けている。

①　業務妨害罪

　刑法233条は、「虚偽の風説を流布し、又は偽計を用いて、人の信用を毀損し、又はその業務を妨害した者は、3年以下の懲役又は50万円以下の罰金に処する」と定められています。つまり、嘘の噂を流したり、欺くことによって、人の経済的信用を低下させた場合には信用毀損罪、人の業務を妨害する場合には業務妨害罪が成立することとなります。また、以上の行為のほかにも、刑法234条は「威力を用いて人の業務を妨害した者も」業務妨害罪として処罰しています。

　ここで、234条の「威力」というのは、「人の意思を制圧するような勢力を用いること」とされています。233条の「偽計」との区別は、公然と力を誇示するようなものかどうかといった事情を考慮してなされますが、どちらの方法であっても業務妨害罪となることには変わりません。裁判例の中には、怒号を発する行為、発炎筒に点火する行為などを「威力」と認定したものがあります。

　＜事例－2＞の、汚物をまく、店の備品等を破壊する等の行為は、力を

誇示するもので、「威力」にあたるといえます。Cにこのような行為がされると、店の業務が妨害されるおそれがありますので、234条の威力業務妨害罪が成立することになります。なお、これらの行為の後、実際には店の売上げに影響がなかったとしても、犯罪の成否には影響がありません。

その他、店の備品を破壊した行為については、器物損壊罪（261条）が成立します。この場合の刑罰は「3年以下の懲役又は30万円以下の罰金若しくは科料」となっています。なお、器物損壊罪は、軽微な場合もありますので、捜査機関に対して被害者の告訴がない限り、起訴がされないこととなっています（親告罪といいます）。

② 恐喝罪

刑法249条1項は、「人を恐喝して財物を交付させた者は、10年以下の懲役に処する」と定めています。同様の行為によって財産上の利益を得る場合についても、249条2項で禁止されています。

「恐喝」は、人をおそれさせるような害悪を告知して金員を要求する行為です。単なる「脅迫」罪と比べて、金員を要求する点で悪質とされています。

＜事例－2＞では、暴力団員風のCが、店等に対してさらなる危害を加えることをほのめかすなどして金員を要求しており、恐喝罪が成立する可能性があります。

以上のように、＜事例－2＞では、暴力団員風の男の行為が犯罪行為にあたる可能性があります。仮に、その男が店の備品等を破壊する際に、警備員等によって制止すること等は正当防衛として許されますが、やりすぎる場合には過剰防衛となり、正当防衛と認められない可能性がありますので、注意が必要です。正当防衛と認められるためには、急迫不正の侵害に対して、自己または他人の権利を防衛するため、「やむを得ずにした行為」でなければならないこととなっています（36条）。反撃行為は、侵害行為の程度を超えてはならないこととなっています。

このような被害に遭った場合には、警察へ被害届を提出するなどして、警察の協力を得ることも可能です。

5）贈賄罪

＜事例－３＞

> 　ある物品を製造・販売する会社の担当者Ｄは、その物品を役所が購入する際に便宜な取扱いを受けるため、担当の公務員Ｅに対して現金を渡す話を持ちかけた。これを承諾したＥに対して、Ｄは現金100万円を渡した。

　刑法198条は、公務員の職務に関して「賄賂を供与し、又はその申込み若しくは約束をした者は、３年以下の懲役又は250万円以下の罰金に処する」と定めています。

　「賄賂」は、人の需要・欲望を満たす利益の一切をいいます。現金等を渡す場合のほか、接待等をする場合も含まれます。Ｄは、現金100万円を担当公務員Ｅに渡しており、Ｅに賄賂を供与したことになります。したがって、Ｄの行為は贈賄罪となります。

　仮に、ＤがＥの指示によって第三者に賄賂を渡した場合であっても、贈賄罪は成立します。賄賂罪の脱法的行為を禁止するため、第三者供賄罪という犯罪があり、この場合、Ｅもその罪を負うことになります。

ビジネスコンプライアンス検定の概要

　ビジネスコンプライアンス検定の実施要項、出題基準（認定基準、出題形式）について解説します。

　ビジネスコンプライアンス検定は、サーティファイ　コンプライアンス検定委員会が主催する資格試験で、「企業倫理」「企業および個人の社会的責任」などの基盤となる法律知識、および「社会的要請への適応」という考え方に基づく行動のあり方などが認定対象となっています。

■実施要項

　ビジネスコンプライアンス検定の実施要項は、次のとおりです。

試験目的	健全な企業（組織）活動を推進するために必要となるコンプライアンス経営（法令・ルール、倫理等）およびビジネスパーソンとしてのコンプライアンス行動（法令・ルール、倫理等）について、その理念と目的の理解度、価値判断基準、および個々のビジネスシーンにおける対応能力を認定します。
受験資格	学歴、年齢等、受験するうえでの制限・条件はありません。
試験形式	初級・上級ともに、PCブラウザ上に提示される多岐選択式問題を、ブラウザ上の解答箇所から選択します。上級の論述問題は、指定のフォームに入力して解答します。
試験時間	初級：60分
	上級：120分
試験時期	毎年2回（8月・2月）実施される公開会場試験のほか、企業や学校を試験会場として、団体単位で任意に受験することもできます。
受験料	初級：5,700円（税込）
	上級：8,200円（税込）

試験日程、試験会場など、詳しくはサーティファイのホームページをご覧ください。
https://sikaku.gr.jp/co/

■出題基準

ビジネスコンプライアンス検定の認定基準および出題形式は、次のとおりです。

●認定基準

	認定基準
初級	コンプライアンス経営のもとで、ビジネスパーソンとして日常業務を遂行する際に必要となる基礎的な法律知識と価値判断基準を有し、経営理念や社内規範、社会通念に基づく健全な行動をとることができる。
上級	コンプライアンス経営の推進者および主体者としての日々の業務課題の解決に取り組み、具体的な事例について解決手段や対応策を意思決定することができる。また、コンプライアンス経営の根幹となる高度な法律知識と実践的な価値判断基準を有する。

●出題形式

	試験時間	問題数	内　容
初級	60分	多肢選択問題 40問	ビジネスパーソンとしてのコンプライアンス行動において必要とされる 　1. コンプライアンスに関する基礎的な知識 　2. コンプライアンスに関する基礎的な法律知識 　3. ビジネスシーンにおける健全な価値判断基準 について、多肢選択問題として出題
上級	120分	多肢選択問題 40問 記述式1問	コンプライアンス経営の推進者として必要とされる 　1. コンプライアンスに関する実践的な知識 　2. コンプライアンスに関する高度な法律知識 　3. ビジネスシーンにおける高度な意思決定基準 について、事例問題を含む多肢選択問題として出題

●試験実施概要についてのお問い合わせ先

サーティファイ認定試験事務局

☎0120-031-749　E-mail：info@certify.jp

■ 編著者紹介

● 郷原信郎

77年東京大学理学部卒業。83年検事任官、公正取引委員会事務局審査部付検事、東京地検検事、広島地検特別刑事部長、法務省法務総合研究所研究官、長崎地検次席検事、法務省法務総合研究所総括研究官兼教官などを経て、05年桐蔭横浜大学法科大学院教授、06年弁護士登録、08年郷原総合法律事務所（現・郷原総合コンプライアンス法律事務所）開設。09年名城大学教授。12年関西大学特任教授。『「深層」カルロス・ゴーンとの対話』（小学館、2020年）、『青年市長は"司法の闇"と闘った』（KADOKAWA、2017年）、『告発の正義』（ちくま新書、2015年）、『検察崩壊〜失われた正義』（毎日新聞社、2012年）、『第三者委員会は企業を変えられるか〜九州電力「やらせメール」問題の深層』（毎日新聞社、2012年）、『組織の思考が止まるとき〜「法令遵守」から「ルールの創造」へ』（毎日新聞社、2011年）、『検察が危ない』（ベスト新書、2010年）ほか著書多数。

■ 著者紹介

● 元榮太一郎

98年慶應義塾大学法学部法律学科卒業。01年弁護士登録。アンダーソン毛利法律事務所（現・アンダーソン・毛利・友常法律事務所）勤務を経て、05年法律事務所オーセンス開設。
『会社の法律がなんでもわかる本』（日本実業出版社、2007年、共著）、『そのまま使える契約書式文例集』（かんき出版、2007年、監修）、『こんなときどうする製造物責任・企業賠償責任 Q&A ＝その対策のすべて＝』（第一法規出版、2008年、共著）、『刑事と民事』（幻冬舎新書、2008年、著書）、『図解で早わかり　最新版会社法務』（三修社、2012年、監修）、『自分でできる「家賃滞納」対策』（中央経済社、2012年、共著）、『事業者必携　株式公開［IPO］をめぐる法律と対策マニュアル』（三修社、2012年、監修）ほか著書・監修多数。

● 竹内亮平

03年早稲田大学法学部卒業。04年弁護士登録。
主な監修に『「三菱 UFJ ビジネススクエア SQUET」のマネジメントスコープ（法務関係リポート）』がある。

● 加藤茂樹

01年中央大学法学部法律学科卒業。03年中央大学大学院法学研究科博士前期課程修了（法学修士）。05年弁護士登録。
主な著書に『民事介入暴力対策マニュアル（第4版）』（東京弁護士会　民事介入暴力対策特別委員会編、ぎょうせい、2009年、共著）がある。

● 島田明子

02年神戸大学経済学部経済学科卒業。06年弁護士登録。

主な監修に『「三菱 UFJ ビジネススクエア SQUET」のマネジメントスコープ（法務関係リポート）』がある。

● 藤田宏

01年中央大学法学部法律学科卒業。07年弁護士登録。

主な著書・監修に『会社の法律がなんでもわかる本』（日本実業出版社、2007年、共著）、『そのまま使える契約書式文例集』（かんき出版、2007年、監修）、『こんなときどうする製造物責任・企業賠償責任 Q&A ＝その対策のすべて＝』（第一法規出版、2008年、共著）、『できる社員の「仕事力」養成講座』（日本実業出版社、2009年、共著）がある。

● 高木啓成

06年一橋大学法学部卒業。07年弁護士登録。

主な著書・監修に『会社の法律がなんでもわかる本』（日本実業出版社、2007年、共著）、『そのまま使える契約書式文例集』（かんき出版、2007年、監修）、『できる社員の「仕事力」養成講座』（日本実業出版社、2009年、共著）、『「三菱 UFJ ビジネススクエア SQUET」のマネジメントスコープ（法務関係リポート）』（監修）がある。

● 池田康太郎

01年立教大学社会学部社会学科卒業。06年上智大学法科大学院卒業。07年弁護士登録。

主な監修に『「三菱 UFJ ビジネススクエア SQUET」のマネジメントスコープ（法務関係リポート）』がある。

● 初澤寛成

04年早稲田大学法学部卒業。06年法政大学法科大学院卒業。07年弁護士登録。

主な監修に『「三菱 UFJ ビジネススクエア SQUET」のマネジメントスコープ（法務関係リポート）』がある。

● 國分吾郎

08年法政大学法学部法律学科卒業。10年明治大学法科大学院卒業。12年弁護士登録。

● 新倉栄子

90年早稲田大学商学部卒業。07年桐蔭横浜大学法科大学院卒業。08年弁護士登録。

08年郷原総合法律事務所（現・郷原総合コンプライアンス法律事務所）入所。

初級 ビジネスコンプライアンス 第3版

「社会的要請への適応」から事例理解まで

2022 年 6 月 16 日　　第 1 刷発行
2023 年 12 月 11 日　　第 2 刷発行

編著者──郷原信郎

発行者──田北浩章

発行所──東洋経済新報社
　　　　　〒 103-8345　東京都中央区日本橋本石町 1-2-1
　　　　　電話＝東洋経済コールセンター　03(6386)1040
　　　　　https://toyokeizai.net/

装　丁…………吉住郷司
印刷・製本……丸井工文社
編集担当………中山英貴
Printed in Japan　　　ISBN 978-4-492-53452-6